大学"双创"教育：
模式和方法

杨钰娟　著

北方联合出版传媒（集团）股份有限公司

辽宁科学技术出版社

图书在版编目（CIP）数据

大学"双创"教育：模式和方法 / 杨钰娟著.

沈阳：辽宁科学技术出版社，2024.6. -- ISBN 978-7 -5591-3640-4

Ⅰ．G640

中国国家版本馆 CIP 数据核字第 2024AS9049 号

出版发行：辽宁科学技术出版社

（地址：沈阳市和平区十一纬路 25 号　邮编：110003）

印 刷 者：辽宁新华印务有限公司

经 销 者：各地新华书店

幅面尺寸：185mm×260mm

印　　张：12.75

字　　数：300千字

出版时间：2024 年 6 月第 1 版

印刷时间：2024 年 6 月第 1 次印刷

策划编辑：王玉宝

责任编辑：李　红

责任校对：李　莹　修吉航

书　　号：ISBN 978-7-5591-3640-4

定　　价：88.00元

前　言

随着全球经济的飞速发展，创新创业已成为推动社会进步和经济发展的重要引擎。在这一时代背景下，大学作为人才培养和知识创新的摇篮，其"双创"教育（创新创业教育）的地位和作用愈发凸显。因此，深入研究和探索大学"双创"教育的模式与方法，对于提升大学生的创新创业能力、推动高校教育教学改革、促进经济社会发展具有重要意义。

针对这些问题和挑战，我们需要对大学"双创"教育的模式与方法进行深入研究，探索符合时代要求和学生需求的教育路径。首先，我们需要明确"双创"教育的目标定位，即培养具有创新思维、创业精神和创业能力的高素质人才。在此基础上，我们需要构建多元化的教育模式，包括课程教育、实践教育、项目驱动等，以满足不同学生的学习需求和发展方向。

在课程教育方面，我们需要构建完善的"双创"课程体系，将创新创业理念融入专业教学中，同时开设专门的创新创业课程，为学生提供系统的理论知识。在实践教育方面，我们可以通过校企合作、实习实训、创新创业竞赛等方式，为学生提供实践平台，让他们在实践中锻炼创新创业能力。在项目驱动方面，我们可以鼓励学生参与教师的科研项目或自主开展创新创业项目，通过项目的实施过程培养学生的团队协作能力、问题解决能力和创新能力。

大学"双创"教育的模式与方法研究是一个复杂而重要的课题。我们需要从多个角度进行深入探索和实践，不断完善和创新教育模式和方法，以培养更多具有创新创业精神和能力的高素质人才，为推动我国经济社会的发展做出积极贡献。

在未来的研究中，我们还将继续关注"双创"教育的最新动态和发展趋势，加强国际交流与合作，借鉴先进的教育理念和实践经验，为我国大学"双创"教育的深入发展注入新的活力。我们相信，通过我们的共同努力和不断探索，大学"双创"教育一定能够取得更加辉煌的成就。

目 录

第一章　大学生创新创业教育概述

第一节　创新创业教育的理论基础

一、创新创业教育的历史发展

（一）概述

在21世纪的知识经济时代，创新创业能力已经成为衡量一个国家综合竞争力的重要指标。因此，培养具有创新创业精神和实践能力的人才，成为各国教育改革的重要方向。创新创业教育作为一种新型的教育理念和实践方式，其历史发展可以追溯到20世纪初，但真正的兴起和普及则是在近几十年。

（二）创新创业教育的萌芽阶段（20世纪初至20世纪中叶）

在这一阶段，创新创业教育的概念尚未形成，但一些先驱者已经开始进行探索与实践。例如，美国的一些高校开始设立创业课程，鼓励学生进行商业实践；欧洲的一些国家也开始重视中小企业的发展，为创新创业提供了良好的社会环境。这些早期的实践为后来的创新创业教育奠定了基础。

（三）创新创业教育的初步发展阶段（20世纪中后期）

随着科技的迅速发展和全球化的加速推进，创新创业的重要性日益凸显。在这一阶段，越来越多的国家开始重视创新创业教育的发展。一些国家政府出台了相关政策，支持高校开展创新创业教育；同时，一些国际组织也开始关注这一领域，推动国际间的交流与合作。在教育实践方面，高校开始设立专门的创业中心或孵化器，为学生提供创业指导和支持；此外，一些高校还与企业合作，共同开展创新创业项目。

（四）创新创业教育的快速发展阶段（21世纪初至今）

进入21世纪，创新创业教育迎来了快速发展的时期。这一阶段的主要特点包括以下方面。

（1）教育理念的转变。越来越多的教育者认识到，创新创业教育不仅是培养学生的创业技能，更重要的是培养学生的创新思维和创业精神。因此，创新创业教育开始融入整个教育体系中，成为人才培养的重要组成部分。

（2）教育政策的推动。各国政府纷纷出台相关政策，推动创新创业教育的发展。

例如，一些国家设立了专门的创业基金，支持学生创业；还有一些国家将创新创业教育纳入国家教育发展战略，明确其在人才培养中的地位和作用。

（3）教育实践的创新。在教育实践方面，高校和企业开始探索更加多样化的合作模式。例如，一些高校与企业共同设立创新创业实验室或研究院，开展产学研合作；还有一些高校通过开展创新创业竞赛、创业讲座等活动，激发学生的创业热情和创新精神。

（4）国际交流与合作的加强。随着全球化的深入发展，国际间的创新创业交流与合作日益频繁。各国高校和企业通过参加国际创业论坛、举办创新创业展览等方式，分享彼此的经验和成果，共同推动全球创新创业教育的发展。

（五）创新创业教育的未来发展趋势

展望未来，创新创业教育将继续保持快速发展的势头。一方面，随着科技的不断进步和产业结构的不断升级，创新创业的领域将越来越广泛，对人才的需求也将越来越多样化。另一方面，随着教育理念的不断更新和教育技术的不断发展，创新创业教育的形式和内容也将不断创新和完善。因此，我们需要进一步加强对创新创业教育的研究和探索，为培养更多具有创新创业精神和实践能力的人才做出更大的贡献。

综上所述，创新创业教育的历史发展是一个不断演进和深化的过程。从最初的萌芽阶段到如今的快速发展阶段，创新创业教育在理念、政策和实践等多个方面都取得了显著的进展。然而，面对未来的挑战和机遇，我们仍需继续深化对创新创业教育的理解和探索，以期在全球竞争中培养出更多具有创新精神和实践能力的优秀人才。

二、创新创业教育的核心理念

在当今日新月异的时代，创新创业教育已成为推动社会进步和国家发展的重要力量。其核心理念不仅是培养学生具备创新创业的基本素养，更是引领他们适应并引领未来社会的发展变革。下面将深入探讨创新创业教育的核心理念，以期揭示其深层次的内涵和价值。

（一）培养创新精神与实践能力

创新创业教育的核心理念之一是培养学生的创新精神和实践能力。创新精神是指学生在面对问题时能够独立思考、勇于探索、敢于创新的思维方式。实践能力则是指学生将理论知识应用于实际问题的能力，包括动手操作、团队协作、项目管理等方面的技能。通过创新创业教育，学生可以在实践中不断尝试、探索和创新，从而培养出具有创新思维和实践能力的人才。

（二）跨学科融合与知识创新

创新创业教育的另一个核心理念是强调跨学科融合与知识创新。在当今知识爆炸的时代，单一学科的知识已经无法满足复杂多变的社会需求。因此，创新创业教育注重将不同学科的知识进行融合，形成综合性的知识体系。通过跨学科的学习和实践，学生可以打破思维定式，发现新的问题和机遇，从而实现知识的创新和应用。

（三）注重市场导向与社会责任

创新创业教育的核心理念还体现在注重市场导向和社会责任上。市场导向意味着创新创业教育要紧密关注市场的需求和变化，以市场需求为导向来培养学生的创新创业能力。通过市场调研、用户需求分析等方式，学生可以了解市场的需求和趋势，从而有针对性地开展创新创业活动。同时，创新创业教育也强调学生的社会责任意识，要求他们在追求个人发展的同时，关注社会利益和环境保护，实现经济效益和社会效益的双赢。

（四）强调个性发展与团队协作

创新创业教育的核心理念还体现在强调个性发展与团队协作上。每个学生都有自己独特的才能和兴趣，创新创业教育尊重学生的个性差异，鼓励他们根据自己的兴趣和特长选择适合自己的创新创业方向。同时，创新创业活动往往需要团队协作来完成，因此创新创业教育也注重培养学生的团队协作能力。通过团队合作、角色扮演等方式，学生可以学会与他人沟通、协作和分享，共同实现创新创业目标。

（五）构建开放包容的创新创业生态

创新创业教育的核心理念还体现在构建开放包容的创新创业生态上。一个健康的创新创业生态需要政府、企业、高校等多方共同参与和协作。政府需要提供政策支持和资金扶持，企业需要提供实践平台和市场需求信息，高校则需要提供人才培养和科研支持。通过各方共同努力，可以形成一个开放包容、互利共赢的创新创业生态，为创新创业人才提供广阔的发展空间和良好的成长环境。

（六）持续学习与适应变化

创新创业教育的核心理念之一是强调持续学习与适应变化。在快速变化的时代背景下，创新创业者必须具备持续学习的能力和适应变化的心态。通过创新创业教育，学生应学会不断吸收新知识、掌握新技能，以应对不断变化的市场环境和社会需求。同时，他们还应具备勇于面对挑战和失败的勇气，从失败中汲取教训，不断调整和优化自己的创新创业策略。

（七）注重人文关怀与道德引领

在追求创新创业的过程中，人文关怀和道德引领同样不可忽视。创新创业教育应关注学生的全面发展，注重培养他们的人文素养和道德情操。通过引导学生关注社会问题、参与公益活动等方式，培养他们的社会责任感和公民意识。同时，还应加强对学生创新创业行为的道德约束和规范，确保他们的创新创业活动符合社会道德和法律法规的要求。

综上所述，创新创业教育的核心理念涵盖了培养创新精神与实践能力、跨学科融合与知识创新、注重市场导向与社会责任、强调个性发展与团队协作、构建开放包容的创新创业生态、持续学习与适应变化以及注重人文关怀与道德引领等多个方面。这些理念共同构成了创新创业教育的核心价值和目标导向，为培养具有创新创业精神和实践能力的人才提供了坚实的理论基础和实践指导。

三、创新创业教育的国际视野

在全球化的大背景下，创新创业教育已经超越了国界的限制，成为各国共同关注的重要议题。国际视野下的创新创业教育不仅意味着跨文化的交流与合作，更代表着一种全球性的教育理念和实践方式的融合与创新。下面将从国际视野的角度探讨创新创业教育的全球趋势、国际合作与交流、跨文化能力培养以及未来发展方向等。

（一）创新创业教育的全球趋势

随着科技的迅猛发展和全球化的深入推进，创新创业已成为推动世界经济增长和社会进步的重要动力。在这一背景下，各国纷纷加强创新创业教育的发展，形成了全球性的趋势。一方面，越来越多的国家将创新创业教育纳入国家教育发展战略，通过制定相关政策、投入资金和资源等方式，推动高校、企业和社会各界共同参与创新创业教育的实施。另一方面，国际间的创新创业交流与合作也日益频繁，各国通过举办国际创业论坛、建立创新创业联盟等方式，分享彼此的经验和成果，共同推动全球创新创业教育的发展。

（二）国际合作与交流在创新创业教育中的体现

国际合作与交流是创新创业教育国际视野的重要体现。通过国际合作与交流，各国可以共享教育资源、借鉴先进经验、拓展合作领域，从而推动创新创业教育的快速发展。例如，一些高校通过与国际知名企业和研究机构合作，共同开展创新创业项目，为学生提供实践机会和国际化视野；同时，一些国际组织也积极推动创新创业教育的国际合作与交流，通过举办国际创业竞赛、开展跨国创业教育项目等方式，促进各国之间的创新创业教育交流与合作。

（三）跨文化能力培养在创新创业教育中的重要性

在国际视野下，跨文化能力的培养成为创新创业教育的重要内容。随着全球化的深入发展，不同文化之间的交流与融合日益频繁，具备跨文化能力的人才在创新创业领域具有更强的竞争力和适应性。因此，创新创业教育应注重培养学生的跨文化沟通能力、国际视野和全球意识，使他们能够在多元文化的环境中有效地开展工作和创新。通过开设跨文化课程、组织国际交流项目等方式，学生可以接触到不同文化背景下的创新创业实践，从而提升他们的跨文化能力。

（四）未来发展方向：深化国际合作，推动创新创业教育全球化

面对全球化和信息化的挑战，未来的创新创业教育应进一步深化国际合作，推动全球化发展。一方面，各国应加强政策沟通，共同制定创新创业教育的国际标准和规范，促进教育资源的共享和优化配置。另一方面，高校和企业应积极参与国际创新创业项目，加强跨国合作与交流，共同培养具有国际视野和跨文化能力的创新创业人才。此外，还应加强与国际组织的合作，共同推动全球创新创业教育的创新与发展。

（五）注重本土特色与全球视野的融合

在强调国际视野的同时，我们也不能忽视本土特色在创新创业教育中的重要性。每个国家和地区都有其独特的文化、历史和社会背景，这些因素都会对创新创业教育的理念和实践产生影响。因此，在推动国际交流与合作的过程中，我们应注重本土特色与全球视野的融合，既要吸收借鉴国际先进经验，又要结合本国实际情况进行创新和发展。通过挖掘和传承本土文化中的创新创业元素，可以为创新创业教育注入更多的活力和内涵。

（六）加强创新创业教育的师资队伍建设

国际视野下的创新创业教育对师资队伍提出了更高的要求。优秀的师资队伍是创新创业教育的关键，他们不仅需要具备丰富的专业知识和实践经验，还需要具备跨文化交流和合作的能力。因此，各国应加强创新创业教育的师资队伍建设，通过引进国际优秀人才、教师等方式，提升师资队伍的整体素质和水平。同时，还应加强师资队伍的国际交流与合作，促进不同文化背景下的教育理念和教学方法的相互借鉴与融合。

综上所述，创新创业教育的国际视野是一种全球化的教育理念和实践方式的体现。通过加强国际合作与交流、培养跨文化能力、深化教育改革等措施，我们可以推动创新创业教育的全球化发展，培养更多具有国际视野和创新能力的人才，为世界的进步和发展做出贡献。在未来的发展中，我们应继续关注全球趋势、加强国际合作、融合本土特色与全球视野、提升师资队伍素质，不断推动创新创业教育的创新与发展。

第二节　大学生创新创业能力培养的重要性

一、适应经济发展新常态的需求

在当前全球化和信息化的大背景下，经济发展正经历着深刻的变化，呈现出一种被称为"新常态"的特征。这一新常态不仅仅是速度、结构、动力等方面的变化，更是对全球经济体系和未来发展模式的重塑。在这一背景下，创新创业教育的角色愈发凸显，成为推动经济发展、适应新常态需求的关键力量。

（一）经济发展新常态的特征与挑战

经济发展新常态，主要表现为经济增长速度由高速转向中高速，发展方式由规模速度型粗放增长转向质量效率型集约增长，经济结构由增量扩能为主转向调整存量、做优增量并存的深度调整，发展动力由主要依靠资源和低成本劳动力等要素投入转向创新驱动。这些变化不仅带来了经济结构的优化和升级，也为企业和个人带来了更多的发展机遇。

然而，新常态也带来了诸多挑战。在全球化竞争加剧、资源环境约束趋紧、人口老龄化压力增大等多重因素影响下，传统的发展模式已难以适应新的经济形势。这就要求我们必须寻找新的增长动力和发展路径，以应对这些挑战。

（二）创新创业教育在适应新常态中的角色

面对经济发展新常态的挑战，创新创业教育的角色愈发重要。它不仅是培养创新创业人才的重要途径，更是推动经济转型升级、实现可持续发展的关键力量。

首先，创新创业教育有助于培养具有创新精神和实践能力的人才。通过创业教育，学生可以掌握创新创业的基本知识和技能，培养独立思考、解决问题的能力，从而成为适应新常态需求的创新创业人才。

其次，创新创业教育能够促进科技与产业的深度融合。通过产学研合作、校企合作等方式，创新创业教育可以将科研成果转化为实际生产力，推动产业结构的优化和升级。

最后，创新创业教育还能够激发全社会的创新活力。通过创业竞赛、创业培训等活动，创新创业教育可以激发人们的创新精神和创业热情，形成大众创业、万众创新的良好氛围。

（三）适应新常态的创新创业教育策略

为了更好地适应经济发展新常态的需求，我们需要采取一系列策略来加强和改进创新创业教育。

首先，加强创新创业教育的顶层设计。政府、高校和企业应共同制定创新创业教育的战略规划，明确发展目标、任务和措施，形成合力推动创新创业教育的发展。

其次，完善创新创业教育的课程体系。高校应根据经济发展新常态的需求，调整和优化课程设置，增加创新创业教育的比重，注重培养学生的创新思维和实践能力。

再次，加强创新创业教育的师资队伍建设。高校应引进具有丰富创业经验和创新精神的教师，同时加强对现有教师的培训和教育，提高他们的创新创业教育能力。

此外，加强创新创业教育的实践。高校应与企业合作，建立创业实践基地和孵化器，为学生提供实践机会和创业资源，帮助他们将创业想法转化为实际项目。

最后，营造浓厚的创新创业文化氛围。政府、高校和社会各界应共同营造鼓励创新、支持创业的文化氛围，为创新创业者提供宽松的环境和有力的支持。

（四）未来展望：深化创新创业教育改革，引领经济发展新常态

展望未来，随着经济发展新常态的深入推进，创新创业教育的改革与发展将面临更多的机遇和挑战。我们需要进一步深化创新创业教育改革，提高教育质量和效果，为经济发展新常态提供有力的人才支撑和智力保障。

一方面，我们应继续加强创新创业教育的国际交流与合作，借鉴国际先进经验，推动创新创业教育的全球化发展。另一方面，我们还应结合本国国情和经济发展需求，探索具有中国特色的创新创业教育模式，为经济社会的可持续发展贡献力量。

总之，适应经济发展新常态的需求是创新创业教育的重要使命。通过加强顶层设计、完善课程体系、加强师资队伍建设、加强实践以及营造浓厚的创新创业文化氛围等策略的实施，我们可以推动创新创业教育的深入发展，为经济社会的繁荣与进步注入新的活力。在未来的发展中，我们应继续深化创新创业教育改革，引领经济发展新常态，为实现中华民族伟大复兴的中国梦贡献力量。

二、提升国家创新竞争力的关键

在当前全球经济快速变化的时代，国家创新竞争力已经成为衡量一个国家综合实力的关键指标。创新是推动经济社会发展的重要引擎，也是国家实现持续繁荣与稳定的根本动力。因此，提升国家创新竞争力，对于实现国家的长远发展和国际地位的提升具有重要意义。

（一）国家创新竞争力的内涵与重要性

国家创新竞争力是指一个国家在创新资源、创新环境、创新能力和创新成果等方面所具备的综合实力。它涵盖了从创新思想的产生到创新成果的转化和应用的全过程，是

一个国家在全球竞争中保持领先地位的重要保障。

提升国家创新竞争力的重要性不言而喻。首先，创新是驱动经济发展的核心动力。通过技术创新、产品创新、管理创新等方式，可以提高生产效率、优化产业结构、拓展市场空间，从而推动经济的持续健康发展。其次，创新是提升国家综合国力的重要途径。在全球化背景下，国家之间的竞争已经演变为创新能力的竞争。拥有强大创新竞争力的国家，能够在国际舞台上占据更有利的位置，实现国家利益的最大化。最后，创新是改善民生福祉的重要手段。通过创新，可以推动社会进步、提高人民生活水平、解决社会问题，为人民群众创造更加美好的未来。

（二）提升国家创新竞争力的关键因素

1. 加强创新人才培养与引进

创新人才是提升国家创新竞争力的核心力量。一方面，要加大对创新型人才的培养力度，通过教育改革、科研投入等方式，培养一批具有创新精神和实践能力的高素质人才。另一方面，要积极引进海外优秀人才，特别是那些具有国际视野和丰富创新经验的高端人才，为国家创新提供强有力的人才支撑。

2. 优化创新环境

良好的创新环境是激发创新活力的重要保障。政府应加大对创新活动的支持力度，制定有利于创新的政策法规，为创新提供宽松的政策环境。同时，要加强知识产权保护，打击侵权行为，保护创新者的合法权益。此外，还应加强创新基础设施建设，提高创新资源的配置效率，为创新活动提供有力保障。

3. 提升创新能力

创新能力是国家创新竞争力的核心要素。要提升创新能力，首先要加强基础研究，推动原始创新。基础研究是创新的源泉，只有拥有强大的基础研究能力，才能产生更多具有原创性的创新成果。其次，要加强产学研合作，推动科技创新与产业发展的深度融合。通过产学研合作，可以加快科技成果的转化和应用，推动产业升级和经济发展。最后，要推动跨界创新，促进不同领域之间的知识交流和资源共享，产生更多具有颠覆性的创新成果。

4. 深化国际创新合作与交流

在全球化的背景下，国际创新合作与交流对于提升国家创新竞争力具有重要意义。通过加强与技术先进的国家和地区的合作与交流，可以引进先进的技术和管理经验，提高本国的创新水平。同时，也可以参与国际创新竞争，提升本国在国际舞台上的影响力。因此，政府应积极推动国际创新合作与交流，加强与国际创新组织的联系，参与国际创新项目，推动本国创新能力的提升。

（三）未来展望：构建创新型国家，提升国家创新竞争力

展望未来，提升国家创新竞争力仍将是国家发展的重要任务。为了构建创新型国家，我们需要从以下几个方面继续努力。

（1）加大创新投入，提高创新资源配置效率。政府应继续加大对创新的投入力度，同时引导社会资本进入创新领域，形成多元化的创新投入机制。同时，还应优化创新资源的配置方式，提高资源的利用效率。

（2）完善创新政策体系，激发创新活力。政府应进一步完善创新政策体系，包括税收优惠、金融支持、人才引进等方面，为创新提供有力的政策支持。同时，还应加强政策的落实和执行力度，确保政策能够真正发挥作用。

（3）加强创新文化建设，培育创新精神。创新文化是推动创新的重要力量。我们应积极培育创新文化，倡导创新精神，鼓励人们敢于尝试、敢于创新。同时，还应加强创新教育，培养青少年的创新能力和创新精神。

（4）推动科技创新与经济社会发展的深度融合。科技创新应服务于经济社会发展的大局。我们应积极推动科技创新与产业发展、社会进步等方面的深度融合，让科技创新成果更好地惠及人民群众。

总之，提升国家创新竞争力是一个长期而复杂的过程，需要政府、企业、社会等各方面的共同努力。通过加强创新人才培养与引进、优化创新环境、提升创新能力以及深化国际创新合作与交流等措施的实施，我们可以逐步构建创新型国家，提升国家创新竞争力，为国家的长远发展和国际地位的提升奠定坚实的基础。

三、促进学生个人成长与发展

在当前教育背景下，学生个人成长与发展已经成为教育工作的核心目标。学生的个人成长不仅关乎其未来的职业发展和人生轨迹，更是社会进步和国家发展的重要基石。因此，教育工作者应积极探索有效途径，全面促进学生的个人成长与发展。

（一）学生个人成长与发展的内涵与意义

学生个人成长与发展涵盖了知识积累、技能提升、情感态度和价值观塑造等多个方面。它不仅是学生个体从无知到有知、从稚嫩到成熟的过程，更是其全面素质不断提升、个性不断完善的过程。

学生个人成长与发展的意义在于它有助于学生形成独立思考、解决问题的能力，培养其创新精神和实践能力，为其未来的职业发展和社会实践打下坚实基础。同时，学生的个人成长与发展也是社会进步和国家发展的重要推动力，优秀的个体将共同推动社会向前发展。

（二）促进学生个人成长与发展的策略与途径

1. 构建以学生为中心的教育模式

传统的教育模式往往以教师为中心，忽视了学生的主体地位。为了促进学生的个人成长与发展，应构建以学生为中心的教育模式，关注学生的需求、兴趣和特点，尊重其个体差异，为其提供个性化的教育服务。

2. 激发学生的学习兴趣与积极性

兴趣是最好的老师，是学生学习和发展的内在动力。教师应通过创新教学方法、丰富教学内容等手段，激发学生的学习兴趣与积极性，引导其主动参与学习过程，积极探索未知领域。

3. 培养学生的自主学习能力与合作精神

自主学习能力是学生个人成长与发展的关键能力。教师应通过引导学生制订学习计划、掌握学习方法等方式，培养其自主学习能力。同时，还应注重培养学生的合作精神，鼓励其在团队中协作、交流、分享，共同解决问题。

4. 关注学生的情感态度与价值观塑造

情感态度和价值观是学生个人成长与发展的重要组成部分。教师应关注学生的情感体验，引导其形成积极向上的情感态度。同时，教师还应通过课堂教学、校园文化活动等途径，渗透正确的价值观，帮助学生树立正确的世界观、人生观和价值观。

5. 加强家校合作，共同促进学生成长

家庭是学生成长的重要环境，家校合作对于促进学生的个人成长与发展具有重要意义。学校应加强与家长的沟通与合作，共同关注学生的成长需求，制订个性化的教育方案，为学生的全面发展提供有力支持。

（三）案例分析：成功促进学生个人成长与发展的实践

在实际教育工作中，有很多成功的案例表明，通过实施上述策略与途径，可以有效地促进学生的个人成长与发展。例如，某中学通过引入项目式学习，让学生在实践中探索知识、解决问题，不仅提高了学生的学习兴趣和积极性，还培养了学生的创新能力和实践能力。又如，某小学通过加强家校合作，定期开展家长座谈会、亲子活动等，增强了家长对教育的参与感，共同为学生的成长提供了良好的环境。

（四）未来展望：深化教育改革，全面促进学生成长

展望未来，为了更好地促进学生的个人成长与发展，我们需要进一步深化教育改革，构建更加完善的教育体系。具体而言，可以从以下几个方面入手。

（1）进一步完善课程体系，注重培养学生的综合素质和创新能力。

（2）加强师资队伍建设，提高教师的专业素养和教育能力。

（3）推广先进的教育理念和方法，营造积极向上的教育氛围。

（4）加强与社会的联系与合作，为学生提供更多的实践机会和资源。

总之，促进学生个人成长与发展是教育工作的核心目标。我们应积极探索有效途径，全面关注学生的需求和发展，为其未来的职业发展和人生轨迹奠定坚实基础。同时，也应认识到这一过程的长期性和复杂性，需要教育工作者、家长和社会的共同努力和持续投入。只有这样才能真正培养出具有创新精神和实践能力、能够适应未来社会发展的优秀人才。

第三节　大学生适应新时代发展的核心要素

一、创新思维与创造力的培养

在快速发展的当今社会，创新思维与创造力已成为衡量一个人综合素质的重要标准。无论科研领域的突破、经济发展的推进，还是日常生活的点滴改善，都离不开创新思维与创造力的驱动。因此，培养创新思维与创造力对于个人发展和社会进步具有重要意义。

（一）创新思维与创造力的内涵及其重要性

创新思维是指个体在思考问题时能够打破常规，提出新颖、独特的见解或解决方案的思维方式。它强调思维的灵活性、开放性和探索性，能够引导人们从新的角度看待问题，发现潜在的机会和价值。

创造力则是指个体在创新思维的基础上，通过实际操作将新颖的想法转化为具有实际价值的成果的能力。它涉及想象、设计、实施等多个环节，是创新思维得以落地的关键。

创新思维与创造力的重要性体现在多个方面。首先，它们是推动社会进步的重要动力。在人类历史上，许多重大发明和创新都源于创新思维与创造力的激发，这些成果不仅改变了人们的生活方式，也推动了社会文明的进步。其次，它们是个人职业发展的重要保障。在竞争激烈的现代社会中，具备创新思维与创造力的人才更容易脱颖而出，获得更好的职业机会和发展空间。最后，它们是提升生活质量的重要途径。通过创新思维与创造力，人们可以不断改善生活环境、提高生活质量，享受更加美好的生活。

（二）培养创新思维与创造力的方法与途径

1. 拓宽知识视野，积累丰富素材

创新思维与创造力的培养离不开广泛的知识储备和丰富的素材积累。个体应通过多

种途径获取知识和信息，包括阅读、观察、交流等，以便在思考问题时能够拥有更广阔的视野和更丰富的素材。同时，还应注重跨学科学习，打破学科壁垒，促进不同领域知识的融合与碰撞，从而激发创新思维。

2. 激发好奇心与求知欲

好奇心和求知欲是驱动个体进行探索和创新的重要动力。因此，培养创新思维与创造力需要激发个体的好奇心和求知欲。教育者可以通过设置有趣的问题、提供实践机会等方式，引导学生主动探索未知领域，培养其独立思考和解决问题的能力。同时，个体也应保持对新知识、新技能的好奇心和求知欲，不断挑战自我，实现自我超越。

3. 培养批判性思维

批判性思维是指个体在思考问题时能够保持理性、客观的态度，对信息进行深入分析、评价和判断的能力。它是创新思维与创造力的重要基础。培养批判性思维需要个体学会提问、分析、评估、推理和反思等技能，同时还应注重培养个体独立思考和自主判断的能力。通过批判性思维的培养，个体能够更好地发现问题、分析问题并解决问题，从而推动创新思维与创造力的发展。

4. 提供实践机会，鼓励尝试与探索

实践是检验创新思维与创造力的最佳途径。通过实际操作，个体可以将想法转化为具体成果，验证其可行性和价值。因此，培养创新思维与创造力需要提供丰富的实践机会，鼓励个体尝试与探索。教育者可以组织实践活动、实验项目等，让学生在实践中锻炼创新思维与创造力。个体也应积极参与各类实践活动，勇于尝试新的想法和方法，不断挑战自我极限。

5. 营造宽松的创新氛围

创新需要自由、宽松的环境氛围。在培养创新思维与创造力的过程中，应营造一个鼓励创新、包容失败的文化氛围。教育者应尊重学生的个性差异和独特见解，允许学生犯错误并从中汲取教训；组织者和管理者应建立激励机制，对学生的创新成果给予肯定和奖励，激发个体的创新热情。

（三）培养创新思维与创造力的长期性与系统性

培养创新思维与创造力是一个长期且系统的过程，需要个体在日常生活和学习中不断努力和积累。同时，还需要社会各界的共同参与和支持，形成合力推动创新思维与创造力的发展。

对于个体而言，应时刻保持对新知识、新技能的好奇心和求知欲，不断拓宽自己的知识视野和技能领域。同时，还应注重培养自己的批判性思维和实践能力，勇于尝试新的想法和方法，不断挑战自我极限。

对于社会而言，应营造良好的创新氛围和文化环境，为个体的创新提供有力支持。同时，还应加强创新教育和实践活动的组织和开展，为个体提供更多的创新机会和实践平台。

总之，培养创新思维与创造力是一个长期且复杂的过程，需要个体和社会的共同努力和持续投入。只有这样才能培养出更多具有创新思维和创造力的人才，推动社会进步和发展。

二、跨界整合与团队协作的能力

在全球化与信息化高速发展的今天，跨界整合与团队协作的能力已成为个人与组织成功的关键要素。这种能力不仅有助于打破传统领域的界限，实现资源的优化配置，还能提升团队的创新力和执行力，从而在激烈的市场竞争中脱颖而出。

（一）跨界整合能力的内涵与价值

跨界整合能力，顾名思义，是指个体或组织在不同领域之间进行信息、资源、技术等要素的融合与整合的能力。这种能力要求个人与组织具备开放的视野、灵活的思维和强大的执行力，能够迅速识别并把握不同领域之间的共通点和互补性，进而实现创新性的整合。

跨界整合能力的价值在于，它能够帮助我们打破传统思维的束缚，发现新的机遇和可能性。通过整合不同领域的资源和优势，我们可以创造出更具竞争力的产品或服务，提升组织的综合竞争力。同时，跨界整合还能促进不同领域之间的交流与合作，推动知识的共享与传播，从而推动整个社会的进步与发展。

（二）团队协作能力的核心要素

团队协作能力是指团队成员之间通过有效的沟通、协调与合作，共同完成任务、实现目标的能力。这种能力强调团队成员之间的互补性、协同性和目标一致性，是组织成功的关键因素之一。

团队协作能力的核心要素包括以下方面。

（1）沟通能力：团队成员之间需要具备良好的沟通能力，能够清晰、准确地表达自己的观点和想法，同时能够倾听他人的意见和建议，形成有效的双向交流。

（2）协调能力：团队成员需要具备较强的协调能力，能够在团队内部协调各种资源和关系，确保团队工作的顺利进行。

（3）合作精神：团队成员需要具备合作精神，能够积极参与团队活动，为团队目标贡献自己的力量。同时，还需要尊重他人、信任他人，形成良好的团队氛围。

（三）跨界整合与团队协作能力的相互关系

跨界整合能力与团队协作能力之间存在着密切的关系。

一方面，跨界整合能力的提升有助于加强团队之间的协作与配合。通过整合不同领域的知识和技能，团队成员可以更加深入地理解彼此的工作内容和需求，从而更加有效地进行沟通和协作。同时，跨界整合还能为团队带来新的创意和解决方案，提升团队的创新能力和竞争力。

另一方面，团队协作能力的提升也有助于推动跨界整合的实现。一个高效协作的团队能够更好地整合资源、分享信息、解决问题，从而为跨界整合提供有力的支持。此外，团队协作还能促进成员之间的信任和理解，为跨界整合创造更加和谐的环境。

（四）提升跨界整合与团队协作能力的策略与途径

（1）加强学习与培训。通过组织专题培训、分享会等形式，提升团队成员对跨界整合与团队协作的认识和理解。同时，鼓励团队成员自主学习新知识、新技能，拓宽视野，增强综合素质。

（2）建立良好的沟通机制。建立健全的沟通机制，包括定期召开团队会议、设立沟通渠道等，确保团队成员之间的信息交流畅通无阻。通过有效的沟通，可以促进团队成员之间的理解与合作，推动跨界整合与团队协作的实现。

（3）营造积极的团队氛围。通过组织团建活动、设立奖励机制等方式，营造积极向上的团队氛围。这种氛围有助于激发团队成员的积极性和创造力，促进跨界整合与团队协作的深入开展。

（4）引入外部资源与支持。积极寻求外部资源与支持，如邀请行业专家进行指导、与其他组织进行合作等。这些外部资源可以为团队提供新的思路和方向，推动跨界整合与团队协作的不断发展。

（五）跨界整合与团队协作能力的实践应用与案例分析

在实际工作中，跨界整合与团队协作能力的应用广泛且深入。以某互联网公司为例，该公司通过整合不同领域的专业人才和技术资源，成功开发了一款具有创新性的产品。在产品开发过程中，团队成员充分发挥了跨界整合与团队协作能力，克服了重重困难，最终实现了产品的成功上市。这一案例充分展示了跨界整合与团队协作能力的实践价值和应用效果。

跨界整合与团队协作能力是现代社会中不可或缺的重要能力。通过加强学习与培训、建立良好的沟通机制、营造积极的团队氛围以及引入外部资源与支持等方式，我们可以不断提升这种能力，为个人和组织的成功奠定坚实基础。同时，我们也应认识到跨界整合与团队协作能力是一个持续发展的过程，需要不断适应新的变化和挑战。未来，随着科技的不断进步和社会的不断发展，跨界整合与团队协作能力将发挥更加重要的作用，成为推动个人和组织发展的重要动力。

综上所述，跨界整合与团队协作能力是我们需要深入研究和不断提升的关键能力。只有不断适应新的变化和挑战，充分发挥这种能力的优势，我们才能在激烈的竞争中脱颖而出，实现个人和组织的持续发展与进步。

三、风险承担意识与问题解决意识

在日常生活和工作中，风险承担意识与问题解决意识是不可或缺的重要素质。它们不仅关系到个人的成长与发展，更对社会整体的进步和稳定具有深远的影响。下面将从风险承担意识与问题解决意识的内涵、重要性、培养途径及实际应用等方面，深入探讨这一主题。

（一）风险承担意识的内涵与重要性

风险承担意识，指的是个体在面对不确定性时，愿意并能够承担潜在损失或不利后果的心理状态和行为倾向。这种意识体现了人们对未知领域的探索精神和勇于挑战的勇气。

风险承担意识的重要性主要体现在以下几个方面。

（1）推动创新与发展。风险承担是创新的前提，只有敢于尝试、勇于承担风险，才能突破传统束缚，实现技术和管理的创新。这种创新意识是推动社会进步的重要动力。

（2）提升竞争力。在竞争激烈的市场环境中，具备风险承担意识的个体或组织更能够抓住机遇，快速响应市场变化，从而在竞争中占据优势地位。

（3）锻炼意志品质。风险承担过程中难免会遇到困难和挫折，但正是这些挑战能够锻炼人的意志品质，提升个体的抗挫能力和适应能力。

（二）问题解决意识的内涵与重要性

问题解决意识，是指个体在面对问题时，能够积极主动地寻找解决方案，并付诸实践的心理状态和行为倾向。这种意识体现了人们的主动性和创造性。

问题解决意识的重要性主要表现在以下几个方面。

（1）提高工作效率。具备问题解决意识的个体能够在遇到问题时迅速找到解决方案，避免问题扩大化或复杂化，从而提高工作效率。

（2）促进个人成长。问题解决过程是一个学习和成长的过程。通过不断解决问题，个体能够积累经验、提升技能，实现个人能力的成长和提升。

（3）增强组织凝聚力。在团队中，具备问题解决意识的成员能够共同面对挑战，协作解决问题，从而增强团队的凝聚力和向心力。

（三）培养风险承担与问题解决意识的途径

（1）增强自我认知。个体需要对自己的能力和兴趣有清晰的认识，明确自己的目标和价值观，从而在面对风险和问题时能够做出正确的判断和决策。

（2）提升知识水平。广泛的知识储备是应对风险和问题的基础。个体应不断学习新知识、新技能，拓宽自己的视野和思路，提高自己解决问题的能力。

（3）积累实践经验。实践是锻炼风险承担和问题解决能力的有效途径。个体应积极参与实践活动，通过实际操作来积累经验、提升能力。

（4）培养积极心态。积极的心态有助于个体在面对风险和问题时保持冷静和乐观，从而更好地应对挑战。个体应学会调整自己的心态，保持积极向上的精神状态。

（四）风险承担意识与问题解决意识在实际生活中的应用

在实际生活中，风险承担意识与问题解决意识的应用场景十分广泛。无论是在个人生活中还是在职业发展中，我们都需要具备这两种意识来应对各种挑战和困难。

例如，在创业过程中，创业者需要承担市场风险、技术风险等多种风险，同时还需要解决资金、人才、市场等多方面的问题。只有具备强烈的风险承担意识和问题解决意识，创业者才能够在激烈的市场竞争中立足并取得成功。

同样，在职场发展中，我们也需要面对各种不确定性和挑战。具备风险承担意识的员工能够主动承担工作任务，敢于尝试新的方法和思路；而具备问题解决意识的员工则能够在遇到问题时迅速找到解决方案，为团队的发展贡献自己的力量。

风险承担意识与问题解决意识是个人成长和社会进步的重要推动力。通过培养这两种意识，我们能够更好地应对挑战和困难，实现个人价值和社会价值。然而，我们也要认识到：风险承担并不意味着盲目冒险，而是要在理性分析的基础上做出决策；问题解决也不仅仅是解决眼前的困难，更要注重从根本上预防和减少问题的发生。

展望未来，随着社会的不断发展和变化，我们将面临更多未知的风险和挑战。因此，我们需要不断加强风险承担与问题解决意识的培养和实践，不断提升自己的能力和素质，以更好地适应和应对未来的挑战。同时，我们也需要关注社会整体的风险管理和问题解决机制建设，为社会的稳定和发展提供有力保障。

总之，风险承担与问题解决的意识是我们应对挑战、实现发展的重要武器。让我们在日常生活和工作中不断培养和提升这两种意识，为实现个人价值和社会进步贡献自己的力量。

第四节　创新创业对大学生核心要素及综合素质的影响

一、创新创业与综合素质提升的关联

在快速发展的现代社会中，创新创业与综合素质提升的关系日益凸显。创新创业不仅是推动社会进步和经济发展的重要动力，也是提升个体综合素质的重要途径。而综合素质的提升则能够为创新创业提供必要的支持和保障。本书将深入探讨创新创业与综合素质提升之间的关联，以期更好地理解二者之间的内在联系。

（一）创新创业的内涵及其对综合素质的要求

创新创业是指以创新为基础，通过独特的思维、方法和技术，实现产品或服务的创造与更新，从而满足市场需求并获得竞争优势的过程。它要求个体具备高度的创新意识、敏锐的市场洞察力、强大的执行力和团队协作能力等综合素质。

在创新创业的过程中，综合素质的提升显得尤为重要。首先，创新创业需要个体具备扎实的专业知识和技能，这是实现创新的基础。其次，创新创业要求个体具备创新思维和解决问题的能力，能够在复杂多变的市场环境中迅速应对各种挑战。此外，团队协作和沟通能力也是创新创业不可或缺的一部分，通过有效的团队协作和沟通，可以更好地整合资源、实现目标。

（二）综合素质提升的内涵及其对创新创业的推动作用

综合素质提升是指个体在知识、能力、品质等多个方面实现全面发展和提升的过程。它包括知识储备的更新与拓展、创新能力的提升、团队协作与沟通能力的增强等多个方面。

综合素质的提升对创新创业具有积极的推动作用。首先，知识储备的更新与拓展为创新创业提供了必要的知识支撑。通过不断学习新知识、新技能，个体可以更好地把握市场趋势和技术发展方向，为创新创业提供有力的支持。其次，创新能力的提升使个体能够更好地发现和解决问题，提出具有创新性的想法和方案，从而推动创新创业的发展。此外，团队协作与沟通能力的提升有助于个体更好地与他人合作，共同应对创新创业过程中的挑战和困难。

（三）创新创业与综合素质提升的相互促进关系

创新创业与综合素质提升之间存在着相互促进的关系。

一方面，创新创业的过程是个体综合素质提升的重要途径。在创新创业的过程中，个体需要不断学习新知识、探索新技术、解决新问题，这有助于其知识储备的更新与拓展、创新能力的提升以及团队协作与沟通能力的增强。同时，创新创业的失败与挫折也能让个体从中吸取教训，锻炼其意志品质和抗压能力，进一步提升其综合素质。

另一方面，综合素质的提升也为创新创业提供了更好的支持和保障。拥有较高综合素质的个体通常具备更强的创新能力和解决问题的能力，能够更好地应对市场变化和竞争挑战。此外，他们通常也具备更强的团队协作和沟通能力，能够更好地与他人合作，共同推动创新创业项目的发展。

（四）推动创新创业与综合素质提升的策略建议

为了更好地推动创新创业与综合素质提升的相互促进关系，我们可以从以下几个方面入手。

（1）加强教育引导，培养创新创业意识和综合素质。教育体系应注重培养学生的创新思维和实践能力，鼓励他们积极参与创新创业活动，提升综合素质。同时，社会各界也应加强对创新创业的宣传和推广，营造浓厚的创新创业氛围。

（2）提供政策支持，优化创新创业环境。政府应出台相关政策，为创新创业提供资金、场地、人才等方面的支持，降低创新创业门槛和风险。同时，应加强知识产权保护力度，保护创新成果和创业者的合法权益。

（3）加强实践锻炼，提升创新创业能力。通过参与创新创业项目、实习实训等方式，个体可以在实践中积累经验、提升能力。此外，参加创新创业竞赛、论坛等活动也有助于拓宽视野、增强交流能力。

（4）注重团队协作与沟通能力的培养。创新创业需要团队协作和沟通能力的支持，因此应注重培养个体的团队协作精神和沟通能力。通过组织团队活动、开展团队协作项目等方式，增强团队成员之间的信任感和协作能力。

综上所述，创新创业与综合素质提升之间存在着密切的关联。创新创业需要个体具备较高的综合素质作为支撑，而综合素质的提升则能够推动创新创业的发展。同时，二者相互促进、相互依存的关系也为个体和社会的发展提供了重要的动力。

展望未来，随着科技的不断进步和经济的持续发展，创新创业将继续发挥重要作用。因此，我们应更加注重培养个体的综合素质和创新创业能力，为社会的繁荣和发展提供有力的人才保障。同时，政府和社会各界也应加大对创新创业的支持力度，优化创新创业环境，为创新创业者提供更好的发展平台和机会。

通过深入探讨创新创业与综合素质提升的关联，我们可以更好地理解二者之间的内在联系，并为推动创新创业和个体发展提供有益的参考和启示。在未来的发展中，我们应继续关注这一领域的研究和实践，不断探索新的方法和途径，以实现创新创业与综合素质提升的良性互动和共同发展。

二、创新创业对职业规划与人生选择的影响

在快速发展的现代社会中，创新创业已经成为推动社会进步和经济发展的重要力量。它不仅改变了传统的商业模式和产业格局，也为个人职业规划与人生选择带来了深远的影响。下面将深入探讨创新创业对职业规划与人生选择的影响，以期更好地理解这一话题的复杂性和重要性。

（一）创新创业对职业规划的影响

1. 拓宽职业发展空间

创新创业为个人提供了更广阔的职业发展空间。传统的职业规划往往局限于特定的行业和职位，而创新创业则打破了这种限制。通过创新创业，个人可以涉足新兴领域，创造自己的商业模式，实现个人价值的最大化。

2. 增强职业竞争力

创新创业要求个人具备创新思维、市场洞察力、团队协作能力等多方面的素质。这些素质的培养和提升，有助于增强个人在职场上的竞争力。通过创新创业，个人可以不断挑战自我，提升个人能力，从而在职场中脱颖而出。

3. 促进职业转型与升级

创新创业为个人提供了职业转型与升级的机会。在创新创业的过程中，个人可能会发现新的兴趣点和擅长领域，从而进行职业转型。同时，随着市场的变化和技术的更新，个人也需要不断学习和提升，以适应新的职业要求。创新创业可以促使个人主动进行职业升级，提高职业水平。

（二）创新创业对人生选择的影响

1. 激发个人潜能与追求

创新创业能够激发个人的潜能和追求。在创新创业的过程中，个人需要充分发挥自己的想象力和创造力，追求自己的梦想和目标。这种追求不仅有助于实现个人价值，也能够为社会带来积极的影响。

2. 塑造积极的人生态度

创新创业要求个人具备积极的人生态度。在面对困难和挑战时，创新创业者需要保持乐观、坚韧不拔的精神，勇于尝试和突破。这种积极的人生态度有助于个人在人生道路上不断前行，实现自我超越。

3. 拓宽人生视野与经历

创新创业为个人提供了拓宽人生视野和经历的机会。通过创新创业，个人可以接触到不同领域的知识和人群，了解不同的文化和思维方式。这种经历有助于丰富个人的人

生阅历，提升个人的综合素质。

（三）创新创业对职业规划与人生选择的挑战与应对

尽管创新创业为职业规划与人生选择带来了诸多积极的影响，但同时也面临着一些挑战。例如，创新创业的风险较高，需要个人具备较高的风险承受能力和抗压能力；同时，创新创业也需要个人投入大量的时间和精力，可能会影响到个人的生活质量和家庭关系。

为了应对这些挑战，个人在进行职业规划与人生选择时，需要充分考虑自己的兴趣、能力和价值观，选择适合自己的创新创业方向。同时，个人也需要不断提升自己的综合素质和能力，以应对创新创业过程中的各种挑战。此外，社会也应为创新创业者提供更多的支持和保障，降低创新创业的风险和成本，为创新创业者创造更好的发展环境。

（四）案例分析

为了更好地说明创新创业对职业规划与人生选择的影响，我们可以结合实际案例进行分析。例如，许多成功的创业者通过创新创业实现了个人价值的最大化，不仅获得了经济上的成功，也实现了自己的人生追求。他们的经历充分展示了创新创业对个人职业规划与人生选择的积极影响。

综上所述，创新创业对职业规划与人生选择具有深远的影响。它拓宽了职业发展空间，增强了职业竞争力，促进了职业转型与升级；同时，它也激发了个人潜能与追求，塑造了积极的人生态度，拓宽了人生视野与经历。然而，创新创业也面临着一些挑战，需要个人和社会共同努力应对。

展望未来，随着科技的进步和经济的发展，创新创业将继续发挥重要作用。个人在进行职业规划与人生选择时，应充分考虑创新创业的可能性，积极拥抱变化，挑战自我。同时，社会也应为创新创业提供更多的支持和保障，为创新创业者创造更好的发展环境。

通过深入探讨创新创业对职业规划与人生选择的影响，我们可以更好地理解这一话题的重要性和复杂性。在未来的发展中，我们应继续关注这一领域的研究和实践，不断探索新的方法和途径，以推动创新创业与个人职业规划与人生选择的良性发展。

三、创新创业实践对人格成长的塑造

创新创业实践作为现代社会中一种重要的个人与社会发展动力，不仅在经济领域产生了深远的影响，而且在个体的人格成长方面发挥了不可替代的作用。人格成长是指个体在心理、情感、道德和行为等方面不断发展和完善的过程，而创新创业实践则为这一过程提供了丰富的土壤和机遇。下面将深入探讨创新创业实践对人格成长的塑造作用。

（一）创新创业实践培养坚韧不拔的意志力

创新创业的道路并非一帆风顺，它充满了未知、挑战和困难。在这个过程中，个体需要面对各种风险、挫折和失败，而正是这些经历锻炼了他们的意志力。通过不断克服困难和挑战，他们学会了坚持、忍耐和永不放弃的精神，从而培养出坚韧不拔的意志力。这种意志力不仅有助于他们在创新创业中取得成功，更成为他们面对人生各种困境时的宝贵财富。

（二）创新创业实践提升自我认知与自我管理能力

在创新创业实践中，个体需要不断反思、总结和调整自己的行为和策略。这个过程促使他们更加深入地了解自己，认识自己的优点和不足，进而提升自我认知。同时，创新创业实践也要求个体具备较高的自我管理能力，包括时间管理、情绪管理和压力管理等。通过实践，个体学会了如何合理分配时间、调整情绪、应对压力，从而提高自己的工作效率和生活质量。

（三）创新创业实践促进团队协作与沟通能力

创新创业往往需要团队成员之间的紧密合作和有效沟通。在团队中，个体需要学会倾听他人的意见、尊重他人的想法、协调团队成员之间的关系，以达成共同的目标。这些经历不仅提升了个体的团队协作和沟通能力，也让他们更加懂得如何与他人相处、如何建立良好的人际关系。这种能力在日常生活和工作中同样具有重要意义，有助于个体更好地融入社会、与他人共同成长。

（四）创新创业实践激发创新思维与创造力

创新创业的核心在于创新，它要求个体具备独特的思维方式和创造力。在创新创业实践中，个体需要不断寻找新的商业模式、技术方法和市场机会，这促使他们不断挑战传统观念、突破思维定式，从而激发出创新思维和创造力。这种能力和素质对于个体在职业生涯中的发展至关重要，有助于他们在激烈的竞争中脱颖而出，实现个人价值和社会价值的最大化。

（五）创新创业实践培养社会责任感与担当精神

创新创业实践不仅关乎个人发展，也与社会进步密切相关。在创新创业过程中，个体需要关注社会需求、解决社会问题、贡献社会价值，这促使他们更加关注社会发展和公共利益。通过实践，个体学会了如何承担社会责任、如何为社会做出贡献，从而培养出他们的社会责任感和担当精神。这种精神和品质对于个体成为社会栋梁之材具有重要意义，也有助于推动社会的进步和发展。

（六）创新创业实践促进全面人格成长

综上所述，创新创业实践在多个方面对个体的人格成长产生了积极的影响。它不仅培养了坚韧不拔的意志力、提升了自我认知与自我管理能力，还促进了团队协作与沟通能力、激发了创新思维与创造力，并培养了社会责任感与担当精神。这些素质和能力的提升使得个体在创新创业实践中不断成长和完善，也为他们未来的生活和职业道路奠定了坚实的基础。

当然，创新创业实践对人格成长的塑造作用并非一蹴而就，它需要个体在实践中不断摸索、学习和成长。同时，社会也应为个体提供更多的创新创业机会和资源，营造良好的创新创业环境，以激发个体的创新精神和创业热情。只有这样才能培养出更多具有创新精神和实践能力的优秀人才，推动社会的持续发展和进步。

在未来，随着科技的进步和经济的发展，创新创业实践将继续发挥重要作用。我们应深入研究创新创业实践与人格成长之间的关系，探索更多有效的途径和方法，以推动个体和社会在创新创业中实现共同发展和进步。

第二章　大学生创新创业教育目标体系建构

第一节　创新创业教育目标的理论框架

一、创新创业教育目标的内涵界定

在当今快速变革的时代，创新创业教育日益成为教育领域的重要组成部分，其目标涵盖了多个维度，旨在培养学生的创新精神、创业能力以及综合素质，以适应社会的快速发展和变革。下面将对创新创业教育目标的内涵进行深入的界定和探讨。

（一）培养创新精神与创业意识

创新精神是创新创业教育的核心目标之一。它要求学生具备独立思考、敢于质疑、勇于探索的精神，能够在面对问题时提出新颖的解决方案。创业意识则是指学生应具备对创业活动的认识和兴趣，能够把握市场机遇，积极投身于创业实践。通过培养创新精神和创业意识，创新创业教育旨在激发学生的创造力和创新潜能，使他们成为推动社会进步的重要力量。

（二）提升创业能力与技能

创新创业教育的另一个重要目标是提升学生的创业能力与技能。这包括市场调研、商业策划、团队管理、资源整合等多个方面。通过系统的课程设置和实践训练，学生应能够掌握创业所需的基本知识和技能，具备独立开展创业活动的能力。同时，创新创业教育还应注重培养学生的实践能力，鼓励他们通过参与创业比赛、实习实训等活动，积累实践经验，提升创业能力。

（三）塑造综合素质与社会责任感

除了创新精神和创业能力外，创新创业教育还注重培养学生的综合素质和社会责任感。综合素质包括良好的道德品质、团队协作能力、沟通表达能力等多个方面。通过创新创业教育的熏陶和培养，学生应能够具备健全的人格和优秀的品质，成为具有社会责任感和公民意识的优秀人才。同时，创新创业教育还应引导学生关注社会热点问题，积极投身于社会公益事业，为社会的和谐发展做出贡献。

（四）适应时代需求与未来发展

创新创业教育的目标还应关注时代需求和未来发展。随着科技的飞速发展和社会的不断进步，未来的就业市场和产业结构将发生深刻变化。因此，创新创业教育需要紧密结合时代需求，不断调整和优化教育目标，以培养出能够适应未来社会发展需要的人才。这包括培养学生的跨学科思维、数字化技能以及终身学习的意识等，使他们能够在不断变化的环境中保持竞争力。

（五）创新创业教育的实践性与理论性结合

创新创业教育的目标还需要强调实践性与理论性的结合。理论知识是创新创业的基础，而学生需要在实践中将理论知识转化为实际能力。因此，创新创业教育应提供丰富的实践机会，如创业项目、实习实训等，让学生在实践中学习、成长。同时，也要注重理论知识的传授，使学生具备扎实的理论基础，为未来的创新创业活动提供有力支持。

（六）全球化视野与跨文化交流能力

在全球化背景下，创新创业教育还应培养学生的全球化视野和跨文化交流能力。学生需要了解不同国家和地区的文化、经济、政治等方面的差异，以便在全球化市场中更好地把握机遇、应对挑战。通过加强国际交流与合作，学生可以拓宽视野、增长见识，提升自己在国际舞台上的竞争力。

综上所述，创新创业教育的目标是一个多维度、多层次的概念。它旨在培养学生的创新精神、创业能力、综合素质以及社会责任感，同时关注时代需求和未来发展。通过实践性与理论性的结合以及全球化视野的培养，创新创业教育为学生提供了全面的成长支持，使他们能够在未来的社会中发挥重要作用。

为了实现这些目标，教育机构和教育者需要不断更新教育理念和方法，构建完善的课程体系和实践平台，为学生提供丰富多样的学习资源和机会。同时，政府和社会各界也应给予创新创业教育足够的关注和支持，共同推动创新创业教育的发展和普及。

在未来的发展中，创新创业教育将继续发挥重要作用，为培养更多具有创新精神和实践能力的优秀人才做出贡献。我们期待在创新创业教育的推动下，更多的年轻人能够敢于梦想、勇于实践，为实现社会的繁荣与进步贡献自己的力量。

二、创新创业教育目标的层次划分

在当今快速发展的时代，创新创业教育已经成为教育领域的重要组成部分。其目标不仅涵盖了对学生创新精神和创业能力的培养，还涉及对学生综合素质的提升以及对社会责任感的强化。为了更好地实现这些目标，我们有必要对创新创业教育目标进行层次划分，以便有针对性地开展教育活动。下面将详细探讨创新创业教育目标的层次划分，并分析各层次目标的内涵与意义。

（一）基础层次：激发学生创新创业意识与兴趣

基础层次的目标是激发学生的创新创业意识与兴趣，为后续的创新创业教育奠定基础。在这一层次，教育者需要通过多种方式引导学生认识到创新创业的重要性，并激发他们的好奇心和求知欲。例如，可以通过举办创新创业讲座、分享成功创业案例、组织创新创业体验活动等方式，让学生亲身感受创新创业的魅力，从而产生浓厚的兴趣和热情。

（二）核心层次：培养创新创业能力与素质

核心层次的目标是培养学生的创新创业能力与素质，这是创新创业教育的关键所在。在这一层次，教育者需要注重培养学生的创新思维、创业技能以及团队协作能力等。具体来说，可以通过设置创新创业课程、开展创新创业实践项目、举办创新创业竞赛等方式，让学生在实践中不断提升自己的创新创业能力。同时，教育者还需要关注学生的综合素质培养，包括道德品质、沟通能力、领导力等方面的提升，以使学生具备更全面的创新创业素质。

（三）拓展层次：强化社会责任感与创新创业伦理

拓展层次的目标是强化学生的社会责任感与创新创业伦理，使他们在追求个人创新创业梦想的同时，能够关注社会利益，遵守道德规范。在这一层次，教育者需要通过案例分析、角色扮演、社会调查等方式，引导学生深入思考创新创业活动对社会的影响，培养他们的社会责任感和创新创业伦理意识。同时，教育者还需要关注学生的职业道德教育，帮助他们树立正确的职业观念和价值观，为未来的创新创业活动奠定坚实的道德基础。

（四）高级层次：提升创新创业实践与创新能力

高级层次的目标是提升学生的创新创业实践与创新能力，使其能够在复杂的现实环境中成功开展创新创业活动。在这一层次，教育者需要更加注重学生的实践能力和创新能力的培养。可以通过组织学生参与实际的创业项目、提供创新创业实践平台、邀请创业导师进行一对一指导等方式，让学生在实践中锻炼自己的创新创业能力。同时，教育者还需要关注学生的创新思维培养，鼓励他们勇于尝试新的想法和方法，培养他们的创新意识和创新能力。

（五）终极层次：实现创新创业的社会价值与贡献

终极层次的目标是实现创新创业的社会价值与贡献，这是创新创业教育的最高目标。在这一层次，教育者需要引导学生将个人的创新创业梦想与社会发展相结合，为社会带来实际的贡献和价值。可以通过组织学生参与社会公益项目、开展创新创业社会服务等方式，让学生将所学知识和技能应用于解决实际问题中，为社会创造更多的价值。

（六）各层次目标的关联与互动

需要指出的是，这些层次目标并不是孤立的，而是相互关联、相互影响的。基础层次的目标是激发学生创新创业意识与兴趣，为后续层次目标的实现奠定基础；核心层次的目标是培养学生的创新创业能力与素质，为拓展层次和高级层次目标的实现提供有力支持；拓展层次的目标强化学生的社会责任感与创新创业伦理，为终极层次目标的实现提供道德保障；高级层次的目标提升学生的创新创业实践与创新能力，使其能够更好地实现创新创业的社会价值与贡献；而终极层次的目标则是整个创新创业教育的最终归宿和最高追求。

此外，各层次目标之间的互动也是至关重要的。通过不断地实践、反思和调整，学生可以逐步提升自己的创新创业能力，深化对创新创业的认识和理解，进而更好地实现个人价值和社会价值。同时，教育者也需要根据学生的实际情况和发展需求，灵活调整各层次目标的设置和教学方法的选择，以最大限度地发挥创新创业教育的育人功能。

综上所述，创新创业教育目标的层次划分有助于我们更清晰地认识和理解创新创业教育的内涵和要求。通过有针对性地开展教育活动，我们可以更好地培养学生的创新创业能力和素质，为社会的进步和发展贡献更多的力量。在未来的教育实践中，我们应继续深入研究和探索创新创业教育目标的层次划分及其实现路径，以推动创新创业教育的不断发展和完善。

三、创新创业教育目标的国际比较

随着全球化的加速和科技进步的日新月异，创新创业教育在全球范围内日益受到重视。不同国家和地区在推进创新创业教育时，根据其自身的社会、经济和文化背景，设定了各具特色的教育目标。下面旨在通过对比分析不同国家在创新创业教育目标上的差异与共性，以期为我国创新创业教育的发展提供借鉴与启示。

（一）美国：注重创新与创业精神的培养

美国作为创新创业的强国，其创新创业教育目标强调培养学生的创新精神和创业能力。在美国，从小学到大学，创新创业教育都贯穿于整个教育体系之中。学校鼓励学生积极参与科研项目、创业计划等活动，通过实践锻炼他们的创新思维和创业技能。此外，美国还注重培养学生的跨学科思维，鼓励他们将不同领域的知识进行融合创新，以应对复杂多变的现实挑战。

（二）欧洲国家：强调社会责任感与可持续发展

欧洲国家的创新创业教育在注重创新与创业技能培养的同时，更加强调学生的社会责任感和可持续发展意识。欧洲各国普遍认为，创新创业不仅是实现个人价值的重要途径，也是推动社会进步和经济发展的重要力量。因此，欧洲国家的创新创业教育目标要求学生不仅具备创业能力，还要能够关注社会问题，将创新创业活动与社会责任相结合，实现经济、社会和环境的可持续发展。

（三）亚洲国家：注重与产业结合与实际应用

亚洲国家在推进创新创业教育时，更加注重与产业的结合和实际应用。以中国和印度为例，这些国家都积极推动高校与企业的合作，鼓励学生参与实际项目，通过实践锻炼他们的创新创业能力。此外，亚洲国家还注重培养学生的团队协作能力和跨文化交流能力，以适应全球化背景下的人才需求。

（四）国际比较下的共性与差异

通过对比分析不同国家的创新创业教育目标，我们可以发现一些共性和差异。

在共性方面，各国都普遍认识到创新创业教育的重要性，并致力于培养学生的创新精神和创业能力。此外，各国都注重学生的实践能力和跨学科思维的培养，以适应快速变化的社会需求。

在差异方面，不同国家根据自身的社会、经济和文化背景，设定了各具特色的教育目标。例如，美国更加注重学生的个人发展和创新能力培养；欧洲则更加强调学生的社会责任感和可持续发展意识；而亚洲国家则更加注重与产业的结合和实际应用。这些差异反映了不同国家在创新创业教育理念和实践上的不同侧重点。

（五）对我国创新创业教育的启示

通过国际比较，可以为我国创新创业教育的发展提供以下启示。

（1）我们应借鉴国际先进经验，加强创新创业教育的体系建设，从课程设置、教学方法、实践平台等方面进行全面改革，以提升学生的创新创业能力。

（2）我们应注重培养学生的社会责任感和可持续发展意识，将创新创业活动与社会问题相结合，推动经济、社会和环境的协调发展。

（3）我们还应加强与产业的合作，推动高校与企业的深度融合，为学生提供更多的实践机会和创业资源。

（4）我们还应关注学生的个性化发展，尊重他们的兴趣和特长，为他们提供多样化的创新创业路径选择。

综上所述，不同国家在创新创业教育目标上存在差异与共性，我们应借鉴国际先进经验，结合我国的实际情况，制定符合我国国情的创新创业教育目标，推动我国创新创业教育的健康发展。

第二节　大学生创新创业核心能力要素

一、创新思维与创新能力

在当今社会，创新思维与创新能力的重要性日益凸显。随着科技的飞速发展和全球化的深入推进，我们面临着前所未有的挑战与机遇。为了应对这些挑战并抓住机遇，我们需要培养具备创新思维和创新能力的人才。下面将详细探讨创新思维与创新能力的内涵、特点以及培养方法，以期为读者提供深入的理解和有益的启示。

（一）创新思维的内涵与特点

创新思维是一种突破传统思维模式，以新颖、独特的方式解决问题的思维方式。它具备以下几个显著特点。

（1）创新思维具有开放性和包容性。它不受固定框架和思维模式的限制，能够广泛吸收各种信息和知识，从中提取有价值的元素，形成独特的思维结构。同时，创新思维也能够容纳不同的观点和想法，促进多元思维的碰撞和融合。

（2）创新思维具有灵活性和创造性。它能够灵活应对复杂多变的问题，从不同角度、不同层面进行思考，寻找解决问题的新途径。创新思维还能够激发创造力和想象力，产生独特、新颖的观点和想法，为解决问题提供新的思路和方法。

（3）创新思维具有实用性和价值性。它不仅追求新颖性，还要注重实用性，确保思维成果能够在实际中得到应用并产生价值。创新思维能够针对实际问题进行思考和探索，提出切实可行的解决方案，推动社会的进步和发展。

（二）创新能力的内涵与重要性

创新能力是指个体在创新思维的基础上，能够运用知识、技能和经验，创造出新颖、有价值的产品、服务或解决方案的能力。在现代社会中，创新能力的重要性不言而喻。

首先，创新能力是推动社会进步的重要动力。通过创新，我们能够不断突破传统模式和束缚，探索新的领域和可能性，推动社会的快速发展和变革。

其次，创新能力是企业竞争的核心优势。在激烈的市场竞争中，具备创新能力的企业能够不断推出新产品、新服务，满足消费者的需求，赢得市场份额和竞争优势。

此外，创新能力也是个人职业发展的重要支撑。具备创新能力的个人能够在工作中展现独特的思维方式和解决问题的能力，获得更好的职业发展机会和晋升空间。

（三）培养创新思维与创新能力的方法

要培养创新思维和创新能力，我们可以从以下几个方面入手。

（1）拓宽知识视野。丰富的知识储备是创新思维和创新能力的基础。我们应该广泛涉猎各个领域的知识，了解不同领域的前沿动态和发展趋势，形成多元化的知识结构。

（2）激发创新思维。我们可以通过参加创新思维训练、参与创新项目实践等方式，激发自己的创新思维。同时，我们也要保持对未知事物的好奇心和求知欲，勇于尝试新的方法和思路。

（3）提升创新能力。创新能力需要在实践中不断锻炼和提升。我们可以积极参与科研项目、创业活动等实践项目，通过实践积累经验和锻炼能力。此外，我们还可以向优秀的创新者学习，借鉴他们的创新方法和经验。

（4）营造良好的创新氛围。创新氛围对于培养创新思维和创新能力至关重要。我们应该营造一个开放、包容、鼓励创新的环境，为创新者提供充分的支持和资源保障。

（四）培养创新思维与创新能力的长远意义

培养创新思维与创新能力不仅对个人发展至关重要，也对社会进步具有重要意义。

从个人层面来看，具备创新思维和创新能力的人能够更好地应对复杂多变的社会环境，解决实际问题，提升个人竞争力。同时，创新思维和创新能力也是个人职业发展的重要支撑，有助于个人在职场中脱颖而出，实现自我价值。

从社会层面来看，培养创新思维与创新能力有助于推动社会进步和发展。创新是社会进步的重要动力，通过培养创新思维和创新能力，我们能够不断推动科技进步、文化繁荣和社会进步。此外，具备创新思维和创新能力的人才也是国家发展的重要资源，对于提升国家竞争力和实现可持续发展具有重要意义。

创新思维与创新能力是现代社会中不可或缺的重要能力。通过拓宽知识视野、激发创新思维、提升创新能力以及营造良好的创新氛围等方法，我们可以有效地培养自己的创新思维和创新能力。同时，我们也应认识到培养创新思维与创新能力的长远意义，努力将其融入个人发展和社会进步的实践中。

在未来的发展中，我们应继续加强创新教育和实践，为培养更多具备创新思维和创新能力的人才提供有力支持。同时，我们还应关注创新生态系统的建设，为创新者提供良好的创新环境和资源保障，推动创新成果的转化和应用，为社会的进步和发展贡献更多力量。

二、创业知识与创业技能

在当今社会，创业已成为越来越多的人实现自我价值、追求梦想的途径。然而，成功的创业并非易事，它需要创业者具备丰富的创业知识和精湛的创业技能。下面将深入探讨创业知识的内涵、创业技能的重要性以及如何获取和提升这些知识与技能，以期对创业者有所启示和帮助。

（一）创业知识的内涵

创业知识是创业者在创业过程中所需掌握的一系列理论知识和实践经验。它涵盖了多个方面，包括但不限于以下几个方面。

（1）市场知识。创业者需要了解市场需求、竞争态势、消费者行为等，以便制定合适的市场策略和产品定位。

（2）财务知识。创业者应掌握基本的财务管理知识，如财务报表分析、成本控制、融资策略等，以确保企业的稳健运营。

（3）法律知识。创业者需要了解与公司运营相关的法律法规，如合同法、知识产权法、劳动法等，以避免法律风险。

（4）团队管理知识。创业者应懂得如何组建团队、分配任务、激励员工，以及处理团队内部的冲突和问题。

（二）创业技能的重要性

创业技能是创业者在创业过程中所需具备的一系列实践能力和操作技巧。与创业知识相辅相成，创业技能同样对于创业成功至关重要。以下是几个关键的创业技能。

（1）创新能力。创业者需要具备创新思维和创新能力，能够发现并抓住市场机遇，提出独特的商业模式和产品方案。

（2）沟通能力。创业者需要与团队成员、投资者、客户等各方进行有效沟通，以达成共识、解决问题并推动项目进展。

（3）决策能力。创业者需要在复杂多变的市场环境中迅速做出决策，并承担相应的风险和责任。

（4）执行力。创业者需要将创业计划付诸实践，确保项目的顺利进行，并不断优化和改进。

（三）如何获取和提升创业知识与技能

要获取和提升创业知识与技能，创业者可以从以下几个方面入手。

（1）学习与实践相结合。创业者可以通过阅读相关书籍、参加培训课程、参与行业研讨会等方式获取创业知识；同时，通过实际操作和项目实践来积累经验和提升技能。

（2）寻求专业指导。创业者可以寻找有经验的导师或顾问，向他们请教和学习创业过程中的问题和挑战。他们的经验和建议将有助于创业者更好地应对创业风险和挑战。

（3）加入创业社群。创业者可以加入创业社群或组织，与其他创业者交流经验和心得，分享资源和信息。这种互动和合作有助于创业者拓宽视野、获取灵感并提升能力。

（4）不断反思与总结。创业者需要不断反思和总结自己的创业经历，发现问题和不足，并制定改进策略。通过持续的反思和总结，创业者可以不断提升自己的创业知识和技能水平。

（四）创业知识与创业技能的融合运用

创业知识和创业技能并非孤立存在，而是相互融合、相互促进的。在实际创业过程中，创业者需要灵活运用所学的知识和技能，解决各种问题，推动企业发展。例如，在制订市场策略时，创业者需要运用市场知识分析市场需求和竞争态势，同时运用创新能力提出独特的商业模式；在团队管理方面，创业者需要运用团队管理知识组建高效团队，同时运用沟通能力协调团队成员之间的关系，确保项目的顺利进行。

创业知识与创业技能是创业者成功创业的关键要素。通过不断学习和实践，创业者可以逐步积累丰富的创业知识和精湛的创业技能，为企业的稳健发展奠定坚实基础。同时，创业者还应保持敏锐的洞察力和创新精神，不断适应市场变化和技术进步，以实现企业的可持续发展。

展望未来，随着科技的飞速发展和全球化的深入推进，创业领域将面临更多的机遇和挑战。因此，创业者需要不断更新和完善自己的创业知识和技能，以适应新的市场环境和竞争态势。同时，政府和社会各界也应加大对创业教育的支持力度，为培养更多具备创业精神和创业能力的人才提供有力保障。

总之，创业知识与创业技能是创业者成功创业的重要保障。只有不断学习和提升这些知识与技能，创业者才能在激烈的市场竞争中脱颖而出，实现自己的创业梦想。

三、市场分析与商业洞察力

在当今商业环境中，市场分析与商业洞察力对于企业的成功至关重要。深入的市场分析能够帮助企业了解行业趋势、消费者需求以及竞争对手状况，而商业洞察力则能够为企业提供独特的视角和深刻的理解，从而制订出更加精准和有效的商业策略。下面将详细探讨市场分析与商业洞察力的内涵、重要性以及提升方法，以期为企业提供有益的参考。

（一）市场分析的内涵与重要性

市场分析是指通过收集、整理和分析市场数据，以了解市场状况、预测市场趋势以及评估市场机会的过程。市场分析的重要性主要体现在以下几个方面。

（1）市场分析有助于企业了解市场需求和消费者偏好。通过对目标市场的深入研究，企业可以掌握消费者的购买习惯、需求变化以及潜在需求，从而有针对性地开发产品或服务，满足市场需求。

（2）市场分析有助于企业评估竞争对手状况。了解竞争对手的产品特点、市场份额、营销策略等信息，有助于企业制订更加有效的竞争策略，提升市场竞争力。

（3）市场分析有助于企业预测市场趋势和制订长期发展规划。通过对市场数据的分析，企业可以把握行业的发展动态和未来趋势，为企业的长期发展提供有力支持。

（二）商业洞察力的内涵与重要性

商业洞察力是指企业在面对复杂多变的商业环境时，能够敏锐地洞察市场机会、识别潜在风险并做出正确决策的能力。商业洞察力的重要性主要体现在以下几个方面。

（1）商业洞察力有助于企业发现市场机会。具备商业洞察力的企业能够敏锐地捕捉到市场中的新兴需求、潜在机会以及未被满足的消费者需求，从而迅速调整战略，抢占市场先机。

（2）商业洞察力有助于企业识别潜在风险。在商业环境中，风险与机遇并存。具备商业洞察力的企业能够及时发现潜在的市场风险、竞争对手的威胁以及内部管理的漏洞，从而采取有效的应对措施，降低风险损失。

（3）商业洞察力有助于企业制订精准有效的商业策略。通过对市场、竞争、消费者等多方面的深入洞察，企业能够制订出更加符合市场需求的产品策略、价格策略、渠道策略以及营销策略，提升企业的市场竞争力。

（三）提升市场分析与商业洞察力的方法

要提升市场分析与商业洞察力，企业可以从以下几个方面入手。

（1）加强市场数据的收集与整理。企业应建立完善的市场数据收集体系，通过多种渠道获取市场数据，并进行系统的整理和分析。同时，企业还应关注行业报告、市场研究等权威资料，以获取更加全面和准确的市场信息。

（2）培养专业的市场分析团队。企业应组建一支具备专业知识和技能的市场分析团队，负责进行市场数据的收集、分析和解读。通过定期的培训和学习，提升团队成员的市场分析能力和商业洞察力。

（3）关注行业趋势和动态。企业应密切关注行业的发展趋势和动态变化，了解新技术、新政策等因素对市场的影响。通过参加行业会议、研讨会等活动，与同行交流学习，拓宽视野，提升商业洞察力。

（4）加强内部沟通与协作。企业应建立良好的内部沟通机制，促进各部门之间的信息共享和协作配合。通过跨部门合作，共同分析市场机会和风险，制订更加全面和有效的商业策略。

（四）市场分析与商业洞察力的实际应用

市场分析与商业洞察力在企业的实际运营中发挥着重要作用。例如，在制订产品策略时，企业可以通过市场分析了解消费者的需求和偏好，以及竞争对手的产品特点，从而确定产品的定位和功能。同时，商业洞察力能够帮助企业发现潜在的市场机会，如新兴消费群体、未被满足的需求等，为产品的创新提供方向。

在营销策略的制订中，市场分析与商业洞察力同样重要。通过分析市场趋势和消费者行为，企业可以确定目标市场、制订合适的推广渠道和促销手段。商业洞察力则能够帮助企业识别市场中的热点话题和消费者关注点，从而制订更具吸引力的营销内容，提升品牌知名度和美誉度。

此外，市场分析与商业洞察力还有助于企业在风险管理中作出明智的决策。通过对市场环境的深入分析和对潜在风险的敏锐洞察，企业可以提前预警并采取相应的应对措施，降低风险对企业运营的影响。

市场分析与商业洞察力是企业成功运营的关键要素。通过加强市场数据的收集与整理、培养专业的市场分析团队、关注行业趋势和动态以及加强内部沟通与协作等方法，企业可以不断提升自身的市场分析与商业洞察力水平。在实际应用中，市场分析与商业洞察力能够帮助企业制订精准有效的商业策略、提升市场竞争力并降低风险损失。

展望未来，随着市场竞争的加剧和消费者需求的不断变化，市场分析与商业洞察力的重要性将更加凸显。企业应持续关注市场动态和技术发展，不断提升自身的市场分析与商业洞察力能力，以应对日益复杂的商业环境。同时，政府和社会各界也应加大对市场分析与商业教育的支持力度，为企业培养更多具备市场分析与商业洞察力的人才提供有力保障。

第三节　创新创业教育目标的分层与细化

一、基础层：创新创业意识的培养

在当今快速发展的社会中，创新创业已成为推动社会进步和经济发展的重要动力。而创新创业意识的培养，则是实现创新创业目标的基础和前提。下面将从创新创业意识的概念、重要性以及培养方法等方面进行探讨，以期对创新创业意识的培养提供有益的参考。

（一）创新创业意识的概念

创新创业意识是指在个体或团体内部形成的一种积极寻求创新、勇于开拓创业的思维方式和行为倾向。它涵盖了创新思维、创业精神、市场敏感度、风险意识等多个方面，是创新创业行为的重要驱动力。

（二）创新创业意识的重要性

创新创业意识的培养对于个人和社会都具有重要意义。

首先，对于个人而言，创新创业意识能够激发个体的潜能，提升个人的综合素质和竞争力。具备创新创业意识的人，往往能够更好地适应社会的变化和发展，抓住机遇，实现自我价值。

其次，对于社会而言，创新创业意识是推动社会进步和经济发展的重要力量。一个拥有众多具备创新创业意识的人才的社会，将更具活力和创新力，能够更好地应对挑战和抓住机遇，推动经济的持续健康发展。

（三）创新创业意识的培养方法

1. 教育引导

教育是培养创新创业意识的重要途径。学校应该注重培养学生的创新思维和创业精神，通过课程设置、实践教学等方式，引导学生关注社会问题，培养学生解决问题的能力。同时，学校还可以通过举办创新创业大赛、讲座等活动，激发学生的创新创业热情，提升学生的创新创业能力。

2. 实践经验

实践是检验创新创业意识的重要标准。通过参与创新创业实践，个体能够更深入地了解市场需求、行业趋势以及创业过程中的挑战和机遇。因此，学校和社会应该为个体提供更多的创新创业实践机会，如实习、创业实训、校企合作等，让个体在实践中积累经验，提升创新创业能力。

3. 社会氛围

创新创业意识的培养还需要一个良好的社会氛围。政府和社会各界应该积极营造鼓励创新创业的环境，提供政策支持和资源保障。同时，媒体也应该加强对创新创业的宣传和推广，提高社会对创新创业的认可度和支持度。

（四）培养创新创业意识的具体措施

1. 开设创新创业课程

学校可以开设专门的创新创业课程，帮助学生了解创新创业的基本概念、方法和技巧。这些课程可以包括创新思维训练、创业计划制订、市场营销策略等内容，帮助学生建立起完整的创新创业知识体系。

2. 举办创新创业活动

学校可以定期举办创新创业大赛、创业沙龙、创业讲座等活动，为学生提供展示自己创新创业成果的平台。这些活动不仅可以激发学生的创新创业热情，还可以帮助他们结交志同道合的朋友，拓展人脉资源。

3. 建立导师制度

学校可以邀请具有丰富创新创业经验的校友或企业家担任导师，为学生提供一对一的指导和帮助。导师可以分享自己的创业经历、经验和教训，帮助学生更好地了解创业过程中的挑战和机遇，提升他们的创新创业能力。

4. 加强校企合作

学校可以与企业建立紧密的合作关系，共同开展创新创业项目。通过校企合作，学生可以接触到真实的市场环境和商业运营过程，了解企业的运营模式和市场需求，从而更好地培养自己的创新创业意识。

创新创业意识的培养是一个长期而复杂的过程，需要学校、社会和个人的共同努力。通过教育引导、实践经验和社会氛围的营造，我们可以逐步培养起个体的创新创业意识，为社会培养出更多具有创新精神和创业能力的人才。

展望未来，随着科技的不断进步和经济的持续发展，创新创业将成为越来越多人的选择。因此，我们更应该重视创新创业意识的培养，为未来的创新创业事业奠定坚实的基础。同时，我们也需要不断探索和创新培养方法，以适应不断变化的社会环境和市场需求。

综上所述，创新创业意识的培养是一个系统工程，需要我们从多个方面入手，共同推动创新创业事业的发展。相信在全社会的共同努力下，我们一定能够培养出更多具有创新创业意识的人才，为社会的繁荣和发展做出更大的贡献。

二、提升层：创新创业能力的提升

在创新创业领域，意识的培养是基础，而能力的提升则是实现创新创业目标的关键。创新创业能力涵盖了创新思维、市场洞察力、团队协作能力、资源整合能力等多个方面，是创业者在创业过程中不可或缺的重要素质。下面将重点探讨如何提升创新创业能力，为创业者提供有益的参考。

（一）提升创新思维能力

创新思维能力是创新创业能力的核心。要提升创新思维能力，首先需要打破思维定势，敢于挑战传统观念，勇于尝试新的想法和方法。其次，要注重培养批判性思维，学会从不同角度审视问题，发现问题的本质和潜在机会。此外，还可以通过阅读相关书籍、参加创新思维训练课程等方式，不断拓宽自己的思维视野，提升自己的创新思维能力。

（二）增强市场洞察力

市场洞察力是创业者成功把握市场机遇的关键。要增强市场洞察力，首先需要密切关注市场动态和行业趋势，了解市场需求和竞争态势。其次，要学会运用数据分析工具和方法，对市场数据进行深入挖掘和分析，发现市场中的潜在机会和风险。此外，还可以通过与行业内专家、企业家交流学习，了解行业最新动态和前沿技术，为自己的创业之路提供有力支持。

（三）提升团队协作能力

创业不是一个人的战斗，而是需要一支高效的团队来共同实现目标。要提升团队协作能力，首先需要明确团队目标和成员角色，确保团队成员能够相互协作、密切配合。其次，要注重团队沟通和协调，建立有效的沟通机制和决策流程，避免信息孤岛和决策失误。此外，还可以通过团队建设活动、培训等方式，增强团队凝聚力和执行力，提升团队的整体战斗力。

（四）加强资源整合能力

创业过程中，资源的获取和整合至关重要。要加强资源整合能力，首先需要明确自己的资源需求和获取渠道，积极寻找合作伙伴和投资人。其次，要学会运用各种资源整合技巧和方法，将不同资源进行有效整合，形成自己的核心竞争力。此外，还可以通过参加行业会议、展览等活动，结交更多志同道合的朋友和合作伙伴，为自己的创业之路添砖加瓦。

（五）培养风险应对能力

创业过程中充满了不确定性和风险，因此培养风险应对能力至关重要。要培养风险应对能力，首先需要具备风险意识，时刻关注可能存在的风险点，并制订相应的应对措施。其次，要学会运用风险评估和管理工具，对潜在风险进行量化和分析，制订科学的风险应对策略。此外，还可以通过模拟演练、案例分析等方式，提升自己的风险应对能力和危机处理能力。

（六）持续学习与自我提升

在创新创业的道路上，持续学习与自我提升是不可或缺的。创业者应该保持对新知识、新技术的敏感度和好奇心，积极参加各种培训、研讨会等活动，不断拓宽自己的知识面和技能领域。同时，还要善于从失败中汲取教训，总结经验教训，不断完善自己的创业策略和方法。

（七）实践中的创新创业能力提升

除了上述提到的提升方法外，实践中的经验积累也是提升创新创业能力的重要途径。创业者可以通过参与实际项目、创办企业等方式，将所学知识和技能应用于实际情境中，不断锻炼和提升自己的创新创业能力。在实践中，创业者还可以结交更多志同道合的朋友和合作伙伴，共同分享经验和资源，相互学习和成长。

创新创业能力的提升是一个持续不断的过程，需要创业者不断地学习、实践和总结。通过提升创新思维能力、增强市场洞察力、提升团队协作能力、加强资源整合能力、培养风险应对能力以及持续学习与自我提升等方式，创业者可以不断提升自己的创新创业能力，为成功创业奠定坚实的基础。

展望未来，随着科技的不断进步和社会的快速发展，创新创业将面临更多的机遇和挑战。因此，创业者需要不断适应变化的环境和需求，保持敏锐的洞察力和创新能力，不断寻求新的突破和发展。同时，社会各界也应该加强对创新创业的支持和引导，为创业者提供更多的资源和平台，共同推动创新创业事业的繁荣发展。

综上所述，提升创新创业能力是一个系统工程，需要创业者从多个方面入手，不断学习和实践。相信在全社会的共同努力下，我们一定能够培养出更多具有创新创业能力的人才，为社会的繁荣和发展做出更大的贡献。

三、卓越层：创新创业成果的转化

在创新创业的征程中，创新创业意识的培养是基础，创新创业能力的提升是关键，而创新创业成果的转化则是实现创新价值、推动社会进步的重要一环。下面将从创新创业成果转化的重要性、面临的挑战以及实现路径等方面进行深入探讨，以期为创新创业成果的转化提供有益的参考。

（一）创新创业成果转化的重要性

创新创业成果转化是将创新思想、技术或产品转化为实际应用、经济价值和社会效益的过程。这一过程对于个人、企业和社会都具有重要意义。

首先，对于个人而言，创新创业成果转化是实现个人价值和梦想的重要途径。通过将自己的创新思想或技术转化为实际产品或服务，个人可以获得经济回报和成就感，实现自我价值的提升。

其次，对于企业而言，创新创业成果转化是推动企业发展和竞争力提升的关键。通过转化创新成果，企业可以开发出具有市场竞争力的新产品或服务，拓展市场份额，提升品牌影响力，进而实现企业的可持续发展。

最后，对于社会而言，创新创业成果转化是推动社会进步和经济发展的重要动力。通过转化创新成果，可以促进产业升级、提高生产效率、改善生活质量，为社会的繁荣和发展贡献力量。

（二）创新创业成果转化面临的挑战

尽管创新创业成果转化具有重要意义，但在实际操作过程中，却面临着诸多挑战。

首先，技术转化的难度较高。许多创新成果在技术层面上具有先进性，但要在实际生产中应用并转化为经济价值，还需要解决一系列技术问题，如生产工艺、设备改造、成本控制等。

其次，市场接受度具有不确定性。创新产品或服务在推向市场时，可能会面临消费者认知度低、接受度不高的问题，这需要创业者通过市场调研、宣传推广等方式来提升产品的市场认可度。

此外，资金、人才、政策等方面的支持也是影响创新创业成果转化的重要因素。缺乏足够的资金支持、专业的人才队伍以及政策的引导和扶持，都会制约创新成果的转化进程。

（三）实现创新创业成果转化的路径

针对以上挑战，我们可以从以下几个方面探索实现创新创业成果转化的路径。

（1）加强技术研发与产业对接。高校、科研机构等应加强与企业的合作，推动产学研深度融合，共同攻克技术难题，加速创新成果的产业化进程。同时，企业也应积极寻求与高校、科研机构的合作机会，引入先进技术，提升自身创新能力。

（2）深入市场调研与需求挖掘。在创新成果转化的过程中，创业者应充分了解市场需求和消费者偏好，通过市场调研、用户反馈等方式，不断优化产品设计和功能，提升产品的市场竞争力。此外，还可以通过与行业协会、专家等建立联系，获取更多行业信息和资源支持。

（3）拓宽融资渠道与资源整合。创新创业成果的转化需要大量的资金支持，创业者应积极寻求政府、投资机构、社会资本等多元化的融资渠道，为项目的研发和产业化提供充足的资金保障。同时，还应整合各方资源，包括人才、技术、设备等，形成合力推动创新成果的转化。

（4）优化政策环境与激励机制。政府应加大对创新创业成果转化的支持力度，制定更加优惠的税收政策、资金支持政策等，为创业者提供更多的政策红利。此外，还可以通过设立创新创业成果转化专项基金、搭建创新创业服务平台等方式，为创业者提供更加便捷的服务和支持。

创新创业成果转化是实现创新价值、推动社会进步的重要一环。面对技术转化难度高、市场接受度不确定性大等挑战，我们需要从加强技术研发与产业对接、深入市场调研与需求挖掘、拓宽融资渠道与资源整合以及优化政策环境与激励机制等方面入手，探索实现创新创业成果转化的路径。

展望未来，随着科技的快速发展和市场的不断变化，创新创业成果转化将面临更多的机遇和挑战。因此，我们需要不断创新思路和方法，加强跨界合作与资源整合，提升创新创业成果转化的效率和成功率。同时，政府和社会各界也应加大对创新创业成果转化的支持力度，为创业者提供更加良好的创新环境和条件，共同推动创新创业事业的繁荣发展。

综上所述，创新创业成果的转化是一个复杂而重要的过程，需要政府、企业、高校等多方共同努力。通过加强合作、优化环境、整合资源等方式，我们可以推动更多的创新成果转化为实际应用和价值，为社会的繁荣和发展做出更大的贡献。

第四节　评价创新创业教育目标达成的标准

一、学生创新创业能力的量化指标

学生创新创业能力的培养是高等教育的重要目标之一，而量化指标则是衡量这一能力发展水平的重要依据。通过科学合理的量化指标，可以客观评价学生的创新创业能力，为教育教学改革和人才培养提供有力支持。下面将围绕学生创新创业能力的量化指标展开探讨，以期为相关研究和实践提供参考。

（一）创新创业意识与动机的量化指标

创新创业意愿调查：通过问卷调查或访谈等方式，了解学生的创新创业意愿和兴趣，例如是否有创业计划、对创业的态度等。

创新创业课程参与度：统计学生参与创新创业相关课程的数量、频率以及成绩，反映学生对创新创业知识的学习和掌握情况。

（二）创新创业知识与技能的量化指标

创新创业知识测试：设计包含创新创业基本概念、原理、方法等方面的测试题目，评估学生对创新创业知识的掌握程度。

创新创业技能竞赛成绩：参与各类创新创业技能竞赛，如创业计划书大赛、创新设计大赛等，以竞赛成绩作为衡量学生创新创业技能水平的依据。

（三）创新创业实践与经验的量化指标

创新创业项目参与度：统计学生参与创新创业项目的数量、类型以及所承担的角色，如项目负责人、团队成员等，反映学生的实践能力和团队协作能力。

创新创业实习经历：记录学生在创新创业企业或相关机构实习的时间、岗位以及实习成果，评估学生的实践经验和职业素养。

（四）创新创业成果与贡献的量化指标

创业成果转化率：统计学生创业项目的成功率、市场接受度以及经济效益等，衡量学生的创业成果转化率。

创新创业获奖情况：记录学生在创新创业领域获得的奖项、荣誉以及社会认可程度，反映学生的创新创业能力和社会影响力。

（五）创新创业素质与能力的综合评估

除了上述具体的量化指标外，还需要综合考虑学生的创新创业素质和能力。这包括但不限于以下几个方面。

（1）创新思维能力：评估学生在面对问题时能否提出新颖、独特的解决方案，以及是否能够运用创造性思维解决问题。

（2）团队协作能力：观察学生在团队项目中的表现，包括沟通、协调、分工等方面，评估其团队协作能力和领导力。

（3）资源整合能力：分析学生在创新创业过程中是否能够有效地整合内外部资源，包括资金、人才、技术等，以实现创新创业目标。

（4）风险应对能力：考察学生在面对创新创业风险时的应对策略和表现，评估其风险意识和应对能力。

为了全面、客观地评估学生的创新创业素质和能力，可以采用多种评价方法相结合的方式进行综合评估。例如，可以通过问卷调查、访谈、观察、案例分析等多种方式收集学生的创新创业信息，并运用统计分析、模糊评价等方法对数据进行处理和分析，最终得出学生的创新创业能力量化评价结果。

（六）量化指标的意义与局限性

量化指标在评价学生创新创业能力方面具有重要意义。首先，量化指标能够提供客观、可比较的数据支持，有助于准确反映学生的创新创业能力水平。其次，量化指标能够为教育教学改革和人才培养提供有力依据，帮助教育者更好地了解学生的创新创业需求和发展状况，从而制定更加有针对性的教育方案和措施。最后，量化指标还能够激发学生的创新创业热情，促进他们在创新创业领域取得更好的成果和贡献。

然而，量化指标也存在一定的局限性。一方面，创新创业能力是一个复杂而多维度的概念，难以用单一的量化指标来全面衡量。因此，在设计和使用量化指标时需要充分考虑其全面性和代表性。另一方面，量化指标往往只能反映学生创新创业能力的某些方面，而无法涵盖其全部内容。因此，在评价学生的创新创业能力时，还需要结合其他非量化因素进行综合考虑。

学生创新创业能力的量化指标是衡量学生创新创业能力发展的重要工具。通过科学合理的量化指标设计，可以客观评价学生的创新创业意识、知识、技能、实践以及成果等多个方面。然而，量化指标也具有一定的局限性，需要与其他非量化因素相结合进行综合评估。

展望未来，随着创新创业教育的不断深入和发展，学生创新创业能力的量化指标研究将进一步完善和优化。未来的研究可以关注以下几个方面：一是探索更加全面、细致的量化指标，以更好地反映学生的创新创业能力；二是研究不同量化指标之间的关联性和权重分配，以构建更加科学合理的评价体系；三是将量化指标与教育教学改革相结合，推动创新创业教育的创新与发展。

总之，学生创新创业能力的量化指标研究是一个持续不断的过程，需要不断探索和完善。通过科学合理的量化指标设计和应用，可以更好地评价和提升学生的创新创业能力，为培养更多具有创新精神和实践能力的人才做出积极贡献。

二、创新创业项目质量与成功率

在当今快速发展的社会中，创新创业项目已经成为推动社会进步和经济发展的重要力量。然而，并非所有创新创业项目都能取得成功，项目的质量与成功率往往受到多种因素的影响。下面将从项目质量的角度出发，探讨影响创新创业项目成功率的因素，并提出相应的提升策略。

（一）创新创业项目质量的内涵

创新创业项目的质量是一个综合性的概念，它涵盖了项目的创新性、可行性、市场潜力以及团队实力等多个方面。具体而言，一个高质量的创新创业项目应具备以下几个特点。

（1）创新性是项目质量的核心。一个成功的创新创业项目往往能够提出新颖独特的想法或解决方案，满足市场的潜在需求，从而在竞争中脱颖而出。

（2）可行性是项目质量的重要保障。一个优秀的创新创业项目不仅需要具备创新性，还需要在实际操作中具备可行性，包括技术可行性、经济可行性以及社会可行性等。

（3）市场潜力也是衡量项目质量的重要指标。一个具有广阔市场前景的创新创业项目往往能够吸引更多的投资和支持，从而提高成功率。

（4）团队实力也是影响项目质量的关键因素。一个强大的团队能够充分发挥各自的专业优势，共同推动项目的实施和发展。

（二）影响创新创业项目成功率的因素

影响创新创业项目成功率的因素众多，主要包括市场需求、竞争环境、技术难度、资金支持以及团队能力等方面。

（1）市场需求是影响项目成功率的关键因素。一个成功的创新创业项目必须紧密关注市场动态和消费者需求，通过深入的市场调研和分析，找到市场的痛点和空白点，从而开发出具有竞争力的产品或服务。

（2）竞争环境也对项目成功率产生重要影响。在激烈的市场竞争中，创新创业项目需要不断提升自身的核心竞争力，通过差异化竞争策略赢得市场份额。

（3）技术难度也是影响项目成功率的重要因素。一些创新创业项目涉及的技术较为复杂，需要投入大量的研发资源和时间，增加了项目的风险和不确定性。

（4）资金支持对于项目的成功也至关重要。缺乏足够的资金支持可能导致项目无法顺利进行，甚至中途夭折。因此，创新创业项目需要积极寻求各种融资渠道，确保项目的资金需求得到满足。

（5）团队能力也是影响项目成功率的关键因素。一个优秀的团队能够充分发挥各自的专业优势，共同应对各种挑战和困难，推动项目的顺利实施。

（三）提升创新创业项目质量与成功率的策略

针对以上影响因素，我们可以从以下几个方面着手提升创新创业项目的质量与成功率。

（1）加强市场调研与分析，深入了解市场需求和竞争态势。通过市场调研，我们可以发现市场的空白点和痛点，为项目的开发提供有力的依据。同时，对竞争态势的分析也有助于我们制订更为精准的竞争策略。

（2）注重技术创新与研发，提升项目的核心竞争力。通过不断的技术创新和研发，我们可以开发出更具竞争力的产品或服务，满足市场的多样化需求。

（3）积极寻求资金支持，确保项目的资金需求得到满足。我们可以通过申请政府资助、吸引风险投资、开展众筹等多种方式筹集资金，为项目的实施提供有力的保障。

（4）加强团队建设与人才培养，提升团队的整体实力。我们可以通过招聘优秀人才、开展培训活动、建立激励机制等方式，打造一支高效、专业的团队，共同推动项目的成功实施。

（5）注重风险管理与控制，降低项目的风险水平。我们可以通过制订详细的风险管理计划、建立风险预警机制、采取风险应对措施等方式，有效地降低项目的风险水平，提高项目的成功率。

综上所述，创新创业项目的质量与成功率受到多种因素的影响，包括市场需求、竞争环境、技术难度、资金支持以及团队能力等。为了提升项目的质量与成功率，我们需要从加强市场调研、注重技术创新、积极寻求资金支持、加强团队建设以及注重风险管理等方面着手。

展望未来，随着科技的不断进步和社会的不断发展，创新创业项目将面临更多的机遇和挑战。我们需要不断总结经验教训，不断探索新的方法和策略，以更好地应对各种挑战和困难，推动创新创业项目的持续发展和成功实施。同时，政府和社会各界也应加大对创新创业项目的支持力度，为创新创业者提供更好的创业环境和条件，共同推动社会的进步和发展。

在创新创业的道路上，每一个项目都是一次尝试和探索。只有不断提升项目的质量，才能在激烈的市场竞争中脱颖而出，实现项目的成功。

三、社会对毕业生创新创业能力的认可

在当今时代，创新创业已成为社会发展的重要驱动力，毕业生作为社会的新鲜血液，其创新创业能力受到越来越多的关注。社会对毕业生创新创业能力的认可，不仅是对他们个人能力的肯定，更是对整个教育体系培养成果的检验。下面将从多个角度探讨社会对毕业生创新创业能力的认可情况，分析其原因，并提出相关建议。

（一）社会对毕业生创新创业能力的普遍认可

近年来，随着国家对创新创业政策的大力扶持和社会对创新创业氛围的营造，越来越多的毕业生选择走上创新创业的道路。他们凭借敏锐的市场洞察力、丰富的知识储备和独特的创新思维，在各个领域取得了显著的成绩。社会对毕业生创新创业能力的普遍认可，主要体现在以下几个方面。

（1）企业界对毕业生创新创业能力的认可程度不断提高。许多企业开始重视招聘具有创新创业能力的毕业生，将他们视为推动企业发展的重要力量。企业为这些毕业生提供了广阔的舞台和丰富的资源，让他们在实践中不断提升自己的创新创业能力。

（2）投资界对毕业生创新创业项目的关注度也在不断提高。越来越多的投资机构开始关注毕业生的创新创业项目，为他们提供资金支持和创业指导。这些投资机构看中的正是毕业生所具备的创新思维和创业潜力，认为他们有可能成为未来的行业领袖。

（3）社会各界对毕业生创新创业能力的认可还体现在政策层面。政府出台了一系列支持毕业生创新创业的政策措施，如创业担保贷款、税收优惠等，为毕业生创新创业提供了有力保障。这些政策的出台，不仅体现了政府对毕业生创新创业能力的认可，也为毕业生创新创业营造了良好的社会环境。

（二）社会对毕业生创新创业能力认可的原因分析

社会对毕业生创新创业能力的认可并非偶然，而是基于多方面的原因。首先，毕业生具备较高的文化素养和专业知识，这使得他们在创新创业过程中能够更好地把握市场机遇和应对挑战。其次，毕业生具备较强的学习能力和适应能力，能够迅速适应新的环

境和变化，为创新创业提供源源不断的动力。此外，毕业生还具备年轻、有活力、敢于尝试等特点，这使得他们在创新创业领域更具优势。

同时，社会对创新创业的日益重视也为毕业生创新创业能力的认可提供了有力支撑。随着科技的快速发展和经济的转型升级，创新创业已成为推动社会进步的重要力量。政府、企业和社会各界纷纷加大对创新创业的支持力度，为毕业生创新创业提供了广阔的发展空间。

（三）提升社会对毕业生创新创业能力认可的建议

尽管社会对毕业生创新创业能力的认可程度不断提高，但仍存在一些问题和挑战。为了进一步提升社会对毕业生创新创业能力的认可，我们提出以下一些建议。

（1）加强创新创业教育。高校应加大对创新创业教育的投入力度，完善课程体系和实践环节，培养学生的创新思维和创业能力。同时，高校还应加强与企业的合作，为学生提供更多的实践机会和创业资源。

（2）营造良好的创新创业氛围。政府和社会各界应加大对创新创业的宣传力度，营造浓厚的创新创业氛围。通过举办创新创业大赛、创业沙龙等活动，激发毕业生的创新创业热情，提升他们的创新创业能力。

（3）建立完善的创新创业支持体系。政府应出台更多支持毕业生创新创业的政策措施，如提供创业资金、减免税收等，为毕业生创新创业提供有力保障。同时，还应建立健全的创新创业服务体系，为毕业生提供创业指导、市场分析等全方位的支持。

综上所述，社会对毕业生创新创业能力的认可程度不断提高，这既是对毕业生个人能力的肯定，也是对整个教育体系培养成果的检验。未来，随着创新创业的不断发展和社会对创新创业需求的不断增加，毕业生创新创业能力的重要性将更加凸显。因此，我们需要进一步加强创新创业教育、营造良好的创新创业氛围以及建立完善的创新创业支持体系，为毕业生创新创业提供更好的条件和保障。同时，我们也需要不断关注社会对毕业生创新创业能力的认可情况，及时总结经验教训，不断完善相关政策措施和服务体系，推动毕业生创新创业事业的持续健康发展。

在未来的发展中，毕业生创新创业能力将成为衡量一个国家或地区创新能力和竞争力的重要指标之一。我们有理由相信，在全社会的共同努力下，毕业生创新创业能力将得到更加广泛的认可和重视，为社会的繁荣和发展贡献更多的力量。

第五节 创新创业教育目标与学科整合

一、跨学科课程的设置与实施

随着社会的快速发展和科技的日新月异，传统的单一学科教育已经难以满足现代社会的需求。跨学科课程的设置与实施成为了教育领域的重要改革方向。跨学科课程不仅能够培养学生的综合素质，还能够促进知识的整合与创新，对于提升学生的创新能力和解决问题的能力具有重要意义。下面将从跨学科课程的定义、设置原则、实施策略以及面临的挑战与对策等方面展开论述。

（一）跨学科课程的定义

跨学科课程是指将不同学科的知识、方法和思维方式进行有机融合，形成一门新的综合性课程。它打破了传统学科之间的壁垒，通过整合不同学科的优势，使学生能够全面、系统地理解问题，培养跨学科的思维方式和创新能力。

（二）跨学科课程的设置原则

1. 学科融合原则

跨学科课程应以学科融合为核心，将不同学科的知识、方法和思维方式进行有机结合，形成具有创新性的课程体系。

2. 学生需求导向原则

跨学科课程的设置应充分考虑学生的兴趣和需求，结合社会发展的趋势，选择具有实际应用价值的主题和内容。

3. 系统性原则

跨学科课程应形成一个完整的课程体系，确保知识的连贯性和系统性，避免知识的重复和遗漏。

4. 实践性原则

跨学科课程应注重实践环节的设计，通过案例分析、实践操作等方式，培养学生的实践能力和解决问题的能力。

（三）跨学科课程的实施策略

1. 课程设置与整合

跨学科课程的设置应根据学校的特色和优势，结合学生的实际需求，进行有针对性的整合。可以通过开设跨学科选修课程、组织跨学科研究小组等方式，推动跨学科教学的深入开展。

2. 教学方法与手段

跨学科课程应采用多样化的教学方法和手段，如小组讨论、案例分析、项目式学习等，以激发学生的学习兴趣和积极性。同时，利用现代信息技术手段，如多媒体教学、在线学习平台等，提高教学效果和学生的学习体验。

3. 师资培养与团队建设

跨学科课程的实施需要一支具备跨学科知识和教学能力的师资队伍。学校应加强对跨学科教师的培养和引进，鼓励他们参与跨学科课程的设计和实施。同时，建立跨学科教学团队，促进教师之间的合作与交流，共同推动跨学科教学的发展。

4. 评价与反馈机制

跨学科课程的实施需要建立科学的评价和反馈机制。可以通过设置跨学科作业、考试或项目报告等方式，对学生的学习成果进行评价。同时，收集学生和教师的反馈意见，及时调整和优化课程设置和教学方法，确保跨学科教学的质量和效果。

（四）跨学科课程面临的挑战与对策

1. 学科壁垒与知识整合难度

跨学科课程实施过程中，不同学科之间的壁垒和知识整合难度是不可避免的问题。对此，学校应加强学科间的交流与合作，建立跨学科研究平台，促进知识的共享与融合。同时，教师也应不断提升自身的跨学科素养，增强跨学科教学的能力。

2. 课程设置与实施的资源限制

跨学科课程的设置与实施需要投入大量的资源和精力。然而，现实中往往存在资源有限、时间紧张等问题。为了克服这些困难，学校可以充分利用现有资源，如图书馆、实验室等，进行跨学科课程的开发与实施。同时，积极争取政府和社会各界的支持，为跨学科教学提供必要的资金和物质保障。

3. 学生适应性与兴趣差异

跨学科课程对学生的综合素质要求较高，可能存在一定的适应性问题。此外，不同学生的兴趣和需求也存在差异，如何满足不同学生的需求也是跨学科课程面临的挑战之一。为此，学校应关注学生的个性差异，提供多样化的跨学科课程选择，以满足不同学生的需求。同时，加强对学生跨学科思维和创新能力的培养，提高他们的综合素质和适应能力。

跨学科课程的设置与实施是教育领域的重要改革方向，对于培养学生的综合素质和创新能力具有重要意义。然而，跨学科课程的实施也面临着诸多挑战和困难。为了推动跨学科教学的发展，我们需要加强学科间的交流与合作、提升教师的跨学科素养、充分利用现有资源并关注学生的个性差异。相信跨学科课程将会为培养更多具有创新精神和实践能力的人才贡献力量。

二、创新创业教育与专业教育的融合

在全球化、信息化和知识经济的时代背景下，创新创业能力已成为人才培养的重要目标。因此，将创新创业教育与专业教育相融合，对于培养具有创新精神和实践能力的高素质人才具有重要意义。下面将从创新创业教育与专业教育的内涵、融合的必要性、融合路径以及面临的挑战与对策等方面展开论述。

（一）创新创业教育与专业教育的内涵

创新创业教育旨在培养学生的创新思维、创业精神和创业能力，使他们具备发现问题、解决问题的能力，以及将创意转化为实际产品或服务的能力。它强调学生的主体性、实践性和创新性，注重培养学生的团队合作、市场分析和风险控制等综合能力。

专业教育则侧重于传授某一特定领域的知识和技能，使学生具备从事该领域工作的基本素养和能力。它注重知识的系统性和深度，旨在培养学生在某一专业领域内具备扎实的理论基础和实践能力。

（二）创新创业教育与专业教育融合的必要性

1. 适应经济社会发展需求

随着科技进步和产业升级，经济社会对创新型人才的需求日益迫切。将创新创业教育与专业教育相融合，有助于培养具备创新精神和创业能力的高素质人才，满足社会对创新型人才的需求。

2. 提高学生综合素质

通过融合创新创业教育与专业教育，可以使学生在掌握专业知识的同时，培养创新思维、创业精神和实践能力，提高其综合素质和竞争力。

3. 促进教育改革与发展

创新创业教育与专业教育的融合是推动教育改革和发展的重要举措。它有助于打破传统教育的束缚，推动教育模式的创新，提高教育质量和效益。

（三）创新创业教育与专业教育的融合路径

1. 课程设置与教学改革

在专业课程中融入创新创业元素，如开设创新创业基础课程、案例分析课程等，使学生在学习专业知识的同时，了解创新创业的基本理念和方法。同时，采用问题导向、项目驱动等教学方式，激发学生的学习兴趣和主动性，培养他们的创新思维和实践能力。

2. 实践平台与资源整合

搭建创新创业实践平台，如实验室、创业园、孵化器等，为学生提供实践机会和资源支持。通过校企合作、产学研结合等方式，整合校内外资源，推动创新创业教育与专业教育的深度融合。

3. 师资培养与团队建设

加强创新创业师资队伍建设，引进和培养具有创新创业经验和教学能力的教师。同时，建立跨学科、跨领域的创新创业教学团队，促进不同学科之间的交流与合作，共同推动创新创业教育的发展。

4. 评价体系与激励机制

建立科学的评价体系和激励机制，对创新创业教育与专业教育的融合成果进行客观评价。通过设立创新创业奖学金、举办创新创业大赛等方式，激发学生的创新创业热情，培养他们的创新创业能力。

（四）创新创业教育与专业教育融合面临的挑战与对策

1. 教育理念与教学模式的转变

传统教育理念和教学模式对创新创业教育与专业教育的融合产生了一定的阻碍。因此，需要转变教育理念，树立创新创业导向的教育观念，同时推动教学模式的创新，以适应融合发展的需求。

2. 师资力量与教学资源的匮乏

创新创业教育与专业教育的融合需要一支具备创新创业精神和教学能力的师资队伍以及丰富的教学资源。然而，现实中往往存在师资力量不足、教学资源匮乏等问题。为此，需要加大师资培养和引进力度，同时积极争取政府和社会各界的支持，为融合发展提供必要的资源和保障。

3. 学生参与度与认知水平的差异

不同学生对创新创业教育的认知和需求存在差异，这在一定程度上影响了融合发展的效果。因此，需要加强对学生的引导和宣传，提高他们的认知水平和参与度。同时，根据学生的特点和需求，提供个性化的创新创业教育服务，以满足不同学生的需求。

创新创业教育与专业教育的融合是培养创新型人才的重要途径。通过课程设置与教学改革、实践平台与资源整合、师资培养与团队建设以及评价体系与激励机制等方面的努力，可以推动创新创业教育与专业教育的深度融合。然而，融合发展也面临着诸多挑战和困难，需要我们从教育理念、师资力量、教学资源等方面加以改进和完善。创新创业教育与专业教育的融合将为培养更多具有创新精神和实践能力的高素质人才贡献力量。

三、创新创业实践与学科竞赛的结合

在高等教育体系中，创新创业实践与学科竞赛的结合已经成为培养学生创新精神和实践能力的重要途径。通过参与学科竞赛，学生不仅能够将所学知识应用于实际问题中，还能够锻炼团队协作、创新思维和解决问题的能力。同时，创新创业实践则为学生提供了将创意转化为实际产品或服务的平台，有助于培养学生的创业精神和创业能力。下面将探讨创新创业实践与学科竞赛结合的意义、实施策略以及面临的挑战。

（一）创新创业实践与学科竞赛结合的意义

1. 提升学生的综合素质

创新创业实践与学科竞赛的结合能够使学生在掌握专业知识的同时，培养创新思维、团队协作和解决问题的能力。通过参与竞赛，学生能够接触到前沿的科技和行业动态，拓宽视野，提高综合素质。

2. 增强学生的实践能力

创新创业实践要求学生将理论知识应用于实际问题中，通过实际操作和实验来验证和完善自己的想法。这种实践过程能够帮助学生加深对知识的理解和掌握，提升实践能力。

3. 激发学生的创新创业精神

学科竞赛通常具有挑战性和创新性，能够激发学生的求知欲和探索精神。同时，创新创业实践中的失败与成功经验能够培养学生的抗挫能力和创业精神，为他们未来的职业发展奠定坚实基础。

（二）创新创业实践与学科竞赛结合的实施策略

1. 构建完善的课程体系

学校应根据学生的兴趣和需求，构建与创新创业和学科竞赛相关的课程体系。这些课程应涵盖创新思维、创业理论、实践操作等内容，为学生提供全面的知识和技能支持。

2. 加强师资队伍建设

创新创业实践与学科竞赛的结合需要一支具备创新精神和教学能力的师资队伍。学校应加强对教师的培训和引进力度，提高他们的专业素养和实践能力，为创新创业教育和学科竞赛提供有力保障。

3. 搭建实践平台与资源整合

学校应积极搭建创新创业实践平台和学科竞赛平台，为学生提供实践机会和资源支持。同时，加强与企业和行业的合作，整合校内外资源，推动创新创业实践与学科竞赛

的深度融合。

4. 建立激励机制与评价体系

学校应建立科学的激励机制和评价体系，对在创新创业实践和学科竞赛中表现突出的学生进行表彰和奖励。这不仅能够激发学生的积极性和参与度，还能够为他们的职业发展提供有力支持。

（三）创新创业实践与学科竞赛结合面临的挑战与对策

1. 教育理念与教学模式的转变

传统教育理念注重知识的传授和应试能力的培养，而创新创业实践与学科竞赛的结合则更强调学生的主体性、实践性和创新性。因此，需要转变教育理念，创新教学模式，以适应创新创业教育的需求。

2. 资源配置与经费支持的不足

创新创业实践与学科竞赛的开展需要投入大量的资源和经费，包括场地、设备、资金等。然而，现实中往往存在资源配置不足、经费支持有限等问题。为此，学校应积极争取政府和社会各界的支持，加大投入力度，为创新创业实践与学科竞赛提供必要的保障。

3. 学生参与度与认知水平的差异

不同学生对创新创业和学科竞赛的认知和需求存在差异，这在一定程度上影响了结合的效果。因此，需要加强对学生的宣传和引导，提高他们的认知水平和参与度。同时，根据学生的特点和需求，提供个性化的指导和服务，以满足不同学生的需求。

创新创业实践与学科竞赛的结合对于培养学生的创新精神和实践能力具有重要意义。通过构建完善的课程体系、加强师资队伍建设、搭建实践平台与资源整合以及建立激励机制与评价体系等策略的实施，可以推动创新创业实践与学科竞赛的深度融合。然而，也需要正视教育理念转变、资源配置不足以及学生参与度差异等挑战，并积极寻求对策加以解决。相信随着教育的不断改革和发展，创新创业实践与学科竞赛的结合将成为培养高素质人才的重要途径之一。

展望未来，随着科技的进步和产业的升级，创新创业实践与学科竞赛的结合将呈现出更加广阔的发展前景。学校应继续加强创新创业教育和学科竞赛的建设与发展，为学生提供更多的实践机会和资源支持，激发他们的创新创业精神和实践能力。同时，加强与企业和行业的合作与交流，推动产学研深度融合，为培养更多具有创新精神和实践能力的高素质人才贡献力量。

第三章　大学生创新创业教育内容设计

第一节　创新创业教育内容的选择原则

一、符合学生认知发展规律

在探讨创新创业实践与学科竞赛的结合时，我们必须重视学生的认知发展规律，确保这一结合方式能够与学生的心理发展、知识积累和技能提升相匹配。学生的认知发展规律是一个逐步深化、从简单到复杂、从具体到抽象的过程。因此，创新创业实践与学科竞赛的结合应当遵循这一规律，以更有效地培养学生的创新精神和实践能力。

（一）学生认知发展规律概述

学生的认知发展规律主要包括感知、记忆、思维、想象等方面的变化和发展。随着年龄的增长和教育的推进，学生的认知能力逐渐从直观感知向抽象思维转变，从简单记忆向深度理解发展。同时，学生的兴趣和需求也在不断变化，对知识的探索和实践的渴望逐渐增强。

（二）创新创业实践与学科竞赛结合与学生认知发展规律的契合

1. 感知与直观体验

在低年级阶段，学生的认知主要依赖于直观感知和体验。因此，创新创业实践与学科竞赛的结合可以通过组织实地考察、实验操作等活动，让学生亲身感受创新创业的过程和氛围，培养他们的兴趣和好奇心。

2. 记忆与知识积累

随着学习的深入，学生开始积累大量的学科知识。此时，创新创业实践与学科竞赛可以引导学生将所学知识应用于实际问题中，通过解决实际问题来加深对知识的记忆和理解。

3. 思维与问题解决

在学生的认知发展中，思维能力和问题解决能力逐渐提升。创新创业实践与学科竞赛的结合可以为学生提供具有挑战性的任务和问题，激发他们的创新思维和解决问题的能力。

4. 想象与创造力

随着认知的深入，学生的想象力和创造力得到进一步发展。创新创业实践与学科竞赛的结合可以鼓励学生发挥想象力，提出新颖的想法和解决方案，培养他们的创造力。

（三）实施策略与措施

为了确保创新创业实践与学科竞赛的结合符合学生的认知发展规律，我们可以采取以下策略与措施。

（1）分阶段设计活动。根据学生的年龄和认知水平，分阶段设计创新创业实践与学科竞赛的活动。低年级阶段注重感知和体验，高年级阶段则注重思维和创新能力的培养。

（2）整合课程内容。将创新创业实践与学科竞赛的内容与课程内容相结合，使学生在学习学科知识的同时，了解创新创业的基本理念和方法。

（3）引入实践项目。结合学生的兴趣和需求，引入具有实际意义的创新创业实践项目。这些项目应具有一定的挑战性和创新性，能够激发学生的参与热情和创造力。

（4）加强指导与反馈。在创新创业实践与学科竞赛的过程中，教师应加强对学生的指导和反馈。通过及时的指导和反馈，帮助学生发现问题、解决问题，提高他们的实践能力和创新思维。

（四）面临的挑战与对策

在将创新创业实践与学科竞赛结合的过程中，我们也面临着一些挑战。例如，如何确保活动的趣味性和吸引力，以激发学生的参与热情；如何平衡学科知识与创新创业实践的关系，避免偏离教学目标；如何建立有效的评价体系，对学生的实践成果进行客观公正的评价等。

针对这些挑战，我们可以采取以下对策。首先，通过引入趣味性的元素和互动环节，增加活动的吸引力；其次，明确教学目标和要求，确保创新创业实践与学科竞赛的结合能够服务于学生的全面发展；最后，建立多元化的评价体系，综合考虑学生的实践成果、创新思维和团队协作能力等方面进行评价。

综上所述，创新创业实践与学科竞赛的结合应当符合学生的认知发展规律。通过分阶段设计活动、整合课程内容、引入实践项目以及加强指导与反馈等措施，我们可以有效地培养学生的创新精神和实践能力。同时，我们也需要正视面临的挑战，并积极寻求对策加以解决。

展望未来，随着教育的不断改革和发展，我们相信创新创业实践与学科竞赛的结合将更加紧密地融入学生的日常学习和生活中。通过这一结合方式，我们将能够培养出更多具有创新精神和实践能力的高素质人才，为社会的进步和发展做出更大的贡献。

二、体现创新创业教育的时代性

随着时代的进步和科技的迅猛发展，创新创业教育已成为高等教育体系中不可或缺的重要组成部分。创新创业实践与学科竞赛的结合，不仅体现了创新创业教育的时代性，更是培养学生创新精神和实践能力的重要途径。下面将探讨如何结合创新创业实践与学科竞赛，以体现创新创业教育的时代性。

（一）创新创业教育的时代性特征

1. 强调创新能力的培养

在知识经济时代，创新能力成为衡量人才价值的重要标准。创新创业教育注重培养学生的创新思维、创新意识以及解决问题的能力，使他们能够在未来的职业生涯中不断创新，推动社会的发展。

2. 融合跨界知识

随着学科交叉融合的趋势日益明显，创新创业教育不再局限于某一特定领域，而是强调跨界知识的融合与应用。通过跨学科的学习和实践，学生可以拓宽视野，掌握多元化的知识和技能，以适应不断变化的时代需求。

3. 关注创业实践

创新创业教育不仅停留在理论层面，更注重实践环节。通过参与创业项目、模拟创业等实践活动，学生可以了解创业的全过程，积累实践经验，提高创业成功率。

（二）创新创业实践与学科竞赛的结合策略

1. 设计具有时代特色的竞赛项目

学科竞赛应紧密结合当前社会热点和行业发展趋势，设计具有时代特色的竞赛项目。这些项目可以涉及新兴技术、产业创新、社会服务等领域，以引导学生关注时代前沿，激发他们的创新热情。

2. 强化跨学科团队合作

在创新创业实践中，跨学科团队合作显得尤为重要。不同专业的学生可以共同组成团队，共同解决实际问题。这种跨学科的交流与合作有助于培养学生的跨界思维，提高他们解决问题的能力。

3. 引入行业导师和专家资源

为了增强创新创业实践与学科竞赛的时代性，可以邀请行业导师和专家参与指导。他们具有丰富的行业经验和前沿知识，能够为学生提供宝贵的建议和指导，帮助他们更好地了解行业发展趋势和市场需求。

4. 加强与企业的合作与交流

企业是创新创业实践的重要平台。学校可以积极寻求与企业的合作机会，共同开展创新创业项目。通过与企业的合作，学生可以接触到真实的市场环境和商业模式，了解企业的运营和管理，为他们未来的创业之路提供有力支持。

（三）创新创业实践与学科竞赛结合的时代意义

1. 推动教育模式的创新

创新创业实践与学科竞赛的结合，打破了传统教育模式的束缚，推动了教育模式的创新。这种结合方式更加注重学生的实践能力和创新精神的培养，有助于培养出更多符合时代需求的高素质人才。

2. 促进学生综合素质的提升

通过参与创新创业实践与学科竞赛，学生可以锻炼自己的创新思维、团队协作、沟通表达等能力，提升自己的综合素质。这些能力在未来的职业生涯中都将发挥重要作用，帮助学生更好地适应社会的发展和变化。

3. 服务社会经济发展

创新创业实践与学科竞赛的结合，有助于推动科技创新和产业升级，促进社会经济的发展。通过培养学生的创新意识和创业能力，可以激发他们的创业热情，为社会创造更多的经济价值和社会价值。

随着科技的不断进步和社会的快速发展，创新创业教育的时代性将越来越突出。未来，创新创业实践与学科竞赛的结合将更加注重前沿技术的应用、跨界知识的融合以及实践能力的提升。同时，学校也应加强与政府、企业等社会各界的合作与交流，共同推动创新创业教育的深入发展。

总之，创新创业实践与学科竞赛的结合体现了创新创业教育的时代性。通过设计具有时代特色的竞赛项目、强化跨学科团队合作、引入行业导师和专家资源以及加强与企业的合作与交流等措施，我们可以更好地培养学生的创新精神和实践能力，推动社会的发展和进步。

三、注重理论与实践相结合

在现代教育体系中，创新创业教育已经成为培养学生综合素质和实践能力的重要途径。而在实施创新创业教育的过程中，注重理论与实践相结合，特别是将创新创业实践与学科竞赛进行深度融合，无疑是提升教育质量、培养学生创新精神和创业能力的重要举措。

（一）理论与实践相结合的重要性

理论与实践相结合是教育的基本原则之一。理论为实践提供指导，实践则是检验理论的重要手段。在创新创业教育中，理论教育能够帮助学生掌握创新创业的基本知识、原理和方法，而实践则能让学生在实践中运用所学知识，积累经验，提升能力。只有将理论与实践紧密结合，学生才能在创新创业的道路上走得更远。

（二）创新创业实践与学科竞赛的互补性

创新创业实践与学科竞赛在培养学生的创新精神和实践能力方面具有互补性。创新创业实践注重实际操作和问题解决，能够让学生在实践中深入了解创新创业的全过程，积累实践经验。而学科竞赛则更加注重学生的知识运用和创新能力展示，通过竞赛的形式激发学生的创新热情和竞争意识。将两者结合起来，可以让学生在实践中不断提升自己的创新能力，同时在竞赛中展示自己的成果，获得更多的认可和机会。

（三）深化创新创业实践与学科竞赛融合的策略

1. 设计实践导向的学科竞赛项目

为了深化创新创业实践与学科竞赛的融合，我们可以设计一些实践导向的学科竞赛项目。这些项目应该紧密结合行业发展趋势和市场需求，注重学生的实际操作和问题解决能力。通过参与这些项目，学生可以将所学知识应用于实际问题中，提升自己的实践能力。

2. 加强创新创业实践基地建设

建设创新创业实践基地是深化两者融合的重要举措。学校可以与企业、行业合作，共同建设实践基地，为学生提供真实的创新创业环境和实践机会。在基地中，学生可以参与企业的研发项目、创业计划等，深入了解创新创业的全过程，积累实践经验。

3. 引入企业导师和专家资源

企业导师和专家具有丰富的实践经验和行业资源，他们的参与能够为学生提供宝贵的指导和支持。学校可以邀请企业导师和专家参与学科竞赛的指导和评审工作，为学生提供专业的建议和意见。同时，企业导师和专家还可以帮助学生拓展人脉资源，为他们的创新创业之路提供更多的机会和平台。

4. 完善评价与激励机制

为了激励更多的学生参与到创新创业实践与学科竞赛中来，学校需要建立完善的评价与激励机制。通过设立奖学金、荣誉证书等方式表彰在创新创业实践和学科竞赛中表现突出的学生，激发他们的创新热情和积极性。同时，学校还可以与企业合作，为获奖学生提供更多的实习和就业机会，帮助他们更好地实现自己的创新创业梦想。

（四）融合实践的意义与影响

通过深化创新创业实践与学科竞赛的融合，我们不仅可以提升学生的实践能力和创新精神，还可以推动学校与社会的紧密合作，促进产学研一体化发展。这种融合模式有助于培养出更多具有创新精神和实践能力的高素质人才，为社会的发展和进步做出更大的贡献。

此外，这种融合模式还有助于推动教育教学的改革和创新。通过不断探索和实践，我们可以形成更加符合时代需求和学生特点的创新创业教育模式，为培养更多优秀人才奠定坚实的基础。

注重理论与实践相结合是创新创业教育的核心要求。通过深化创新创业实践与学科竞赛的融合，我们可以更好地实现这一目标，培养出更多具有创新精神和实践能力的高素质人才。在未来的教育教学中，我们应继续探索和实践这种融合模式，为培养更多优秀人才而不懈努力。

第二节　基于学生兴趣的创新创业教育

一、兴趣导向的课程设置

随着教育改革的深入推进，越来越多的教育者开始关注学生的个体差异和兴趣发展。兴趣导向的课程设置，作为一种以学生兴趣为核心的教育模式，正逐渐成为教育领域的热门话题。下面将探讨兴趣导向的课程设置的重要性、实施策略以及可能面临的挑战与对策，以期为推动教育改革提供有益的参考。

（一）兴趣导向的课程设置的重要性

1. 激发学生的学习兴趣和动力

兴趣是学生学习的重要驱动力。当学生对某一领域或主题产生浓厚兴趣时，他们会更加投入地学习和探索。兴趣导向的课程设置能够根据学生的兴趣和特长，设计多样化的教学内容和活动，从而激发学生的学习热情和动力。

2. 培养学生的创新能力和实践能力

兴趣导向的课程设置注重学生的主体性和实践性，鼓励学生通过实际操作和探究来解决问题。这种教学方式有助于培养学生的创新思维和实践能力，使他们在面对问题时能够独立思考、勇于创新。

3. 促进学生的全面发展

每个学生的兴趣和特长都有所不同，兴趣导向的课程设置能够关注学生的个体差异，为每个学生提供适合他们的学习资源和机会。这样不仅能够满足学生的个性化需求，还能够促进学生的全面发展，提高他们的综合素质。

（二）兴趣导向的课程设置的实施策略

1. 深入了解学生的兴趣和需求

在实施兴趣导向的课程设置之前，教师需要深入了解学生的兴趣和需求。可以通过问卷调查、访谈等方式，收集学生的意见和建议，为课程设计提供有益的参考。

2. 设计多样化的教学内容和活动

根据学生的兴趣和需求，教师可以设计多样化的教学内容和活动。例如，可以开设兴趣小组、开展课外实践活动、组织主题探究等，为学生提供丰富的学习资源和机会。

3. 注重跨学科整合和拓展

兴趣导向的课程设置应注重跨学科整合和拓展，将不同学科的知识和技能融合在一起，形成综合性的学习体验。这样不仅能够拓宽学生的知识视野，还能够培养他们的综合素质和能力。

4. 引入多元化的评价方式

传统的评价方式往往过于注重学生的分数和成绩，而忽略了他们的兴趣和特长。在兴趣导向的课程设置中，教师应引入多元化的评价方式，如作品展示、口头报告、实践操作等，以更全面地评价学生的能力和表现。

（三）兴趣导向的课程设置面临的挑战与对策

1. 教师专业素养的提升

实施兴趣导向的课程设置对教师提出了更高的要求。教师需要不断更新自己的教育理念和教学方法，提高自己的专业素养和能力。学校可以通过组织培训、交流研讨等方式，为教师提供必要的支持和帮助。

2. 教学资源的优化和配置

兴趣导向的课程设置需要丰富的教学资源和设施来支持。然而，在实际操作中，一些学校可能面临教学资源不足的问题。因此，学校需要优化和配置教学资源，充分利用现有资源，同时积极寻求外部支持和合作。

3. 学生自主学习能力的培养

兴趣导向的课程设置注重学生的自主性和实践性，要求学生具备较强的自主学习能力。然而，一些学生在长期接受传统教育的影响下，可能缺乏自主学习的能力。因此，教师需要在教学过程中注重培养学生的自主学习能力，引导他们学会独立思考和解决问题。

兴趣导向的课程设置是一种符合学生发展规律和教育改革趋势的教学模式。通过深入了解学生的兴趣和需求，设计多样化的教学内容和活动，注重跨学科整合和拓展，以及引入多元化的评价方式，可以有效地激发学生的学习兴趣和动力，培养他们的创新能力和实践能力，促进学生的全面发展。

然而，实施兴趣导向的课程设置也面临一些挑战，如教师专业素养的提升、教学资源的优化和配置以及学生自主学习能力的培养等。我们需要不断探索和实践，寻找有效的解决策略，以推动兴趣导向的课程设置更好地服务于学生的成长和发展。

展望未来，随着科技的不断进步和教育理念的更新，我们有理由相信兴趣导向的课程设置将在未来的教育体系中发挥更加重要的作用。通过不断优化和完善这一模式，我们将能够培养出更多具有创新精神和实践能力的高素质人才，为社会的繁荣和发展贡献力量。

二、个性化学习路径的设计

随着教育理念的不断更新和技术的快速发展，个性化学习已成为教育领域的热门话题。个性化学习路径的设计旨在根据学生的兴趣、能力、学习风格等因素，为他们量身定制一套适合自己的学习方案。下面将探讨个性化学习路径设计的重要性、实施策略以及可能面临的挑战与对策，以期为教育实践者提供有益的参考。

（一）个性化学习路径设计的重要性

1. 满足学生的个性化需求

每个学生都是独一无二的个体，他们的兴趣、能力、学习风格等各不相同。传统的统一化教学模式往往无法满足学生的个性化需求，导致学生的学习兴趣下降，学习效果不佳。而个性化学习路径的设计能够根据学生的个体差异，为他们提供符合自身需求的学习资源和方式，从而激发学生的学习兴趣，提高他们的学习效果。

2. 促进学生的全面发展

个性化学习路径的设计不仅关注学生的知识学习，还注重学生的能力培养和素质提升。通过设计多样化的学习活动和任务，学生可以在不同领域和层次上得到锻炼和发展，实现全面发展。

3. 提高教育的针对性和实效性

传统的统一化教学模式往往缺乏对学生个体差异的考虑，导致教育资源的浪费和教学效果的不佳。而个性化学习路径的设计能够根据学生的实际情况，为他们提供针对性的教育资源和支持，从而提高教育的针对性和实效性。

（二）个性化学习路径设计的实施策略

1. 深入了解学生的个体差异

个性化学习路径的设计首先需要深入了解学生的个体差异，包括他们的兴趣、能力、学习风格等。教师可以通过观察、测试、访谈等方式，收集学生的相关信息，为个性化学习路径的设计提供依据。

2. 设计多样化的学习资源和活动

根据学生的个体差异，教师可以设计多样化的学习资源和活动，包括课程、教材、教学软件、实践活动等。这些资源和活动应该能够满足不同学生的需求，激发他们的学习兴趣和动力。

3. 采用灵活多样的教学方式

个性化学习路径的设计需要采用灵活多样的教学方式，以适应不同学生的学习风格和需求。教师可以结合讲授、讨论、实践、探究等多种教学方式，为学生提供更加丰富和多元的学习体验。

4. 建立个性化的学习评价体系

传统的评价体系往往注重学生的分数和成绩，而忽略了他们的个体差异和学习过程。在个性化学习路径的设计中，教师应建立个性化的学习评价体系，关注学生的个体差异和学习过程，采用多种评价方式和方法，全面评价学生的能力和表现。

（三）个性化学习路径设计面临的挑战与对策

1. 教师专业素养的提升

个性化学习路径的设计需要教师具备较高的专业素养和能力，包括对学生的深入了解、对教学资源的整合与利用、对教学方法的创新与应用等。因此，学校应加强对教师的培训和指导，提升他们的专业素养和能力，为个性化学习路径的设计提供有力的支持。

2. 教学资源的整合与优化

个性化学习路径的设计需要丰富多样的教学资源来支持。然而，在实际操作中，学校可能面临教学资源不足或分散的问题。因此，学校应加强对教学资源的整合与优化，充分利用现有资源，同时积极寻求外部支持和合作，为学生提供更加丰富和优质的学习资源。

3. 学生自主学习能力的培养

个性化学习路径的设计注重学生的主体性和自主性，要求学生具备较强的自主学习能力。然而，一些学生在长期接受传统教育的影响下，可能缺乏自主学习的能力。因此，教师在设计个性化学习路径时，应注重培养学生的自主学习能力，引导他们独立思考和解决问题。

个性化学习路径的设计是教育发展的重要趋势，也是实现学生全面发展的有效途径。通过深入了解学生的个体差异，设计多样化的学习资源和活动，采用灵活多样的教学方式，建立个性化的学习评价体系，我们可以为每个学生量身定制一套适合自己的学习方案，激发他们的学习兴趣和动力，提高他们的学习效果和综合素质。

然而，个性化学习路径的设计也面临一些挑战，如教师专业素养的提升、教学资源的整合与优化以及学生自主学习能力的培养等。我们需要不断探索和实践，寻找有效的解决策略，以推动个性化学习路径设计更好地服务于学生的成长和发展。

展望未来，随着技术的不断进步和教育理念的更新，个性化学习路径的设计将更加丰富和多元。借助大数据、人工智能等先进技术，我们可以更加精准地了解学生的学习需求和能力水平，为他们提供更加个性化的学习资源和支持。同时，我们也需要关注学生的个性发展和心理健康，确保他们在个性化学习的道路上健康快乐地成长。

三、兴趣驱动的创新实践活动

随着教育改革的深入推进，越来越多的教育者开始关注学生的个体差异和兴趣发展。兴趣驱动的创新实践活动作为一种以学生兴趣为核心的教育模式，正逐渐成为培养学生创新能力和实践精神的重要途径。下面将探讨兴趣驱动的创新实践活动的意义、实施策略以及可能面临的挑战，以期为推动教育改革提供有益的参考。

（一）兴趣驱动的创新实践活动的意义

1. 激发学生的学习兴趣和创造力

兴趣是学生学习的重要驱动力。当学生对某一领域或主题产生浓厚兴趣时，他们会更加投入地学习和探索。兴趣驱动的创新实践活动能够根据学生的兴趣和特长，设计具有挑战性和趣味性的实践活动，从而激发学生的创造力和探索精神。

2. 培养学生的实践能力和解决问题的能力

创新实践活动注重学生的实践性和操作性，鼓励学生通过实际操作和探究来解决问题。这种教学方式有助于培养学生的实践能力、动手能力和解决问题的能力，使他们在面对实际问题时能够独立思考、勇于创新。

3. 促进学生的全面发展

每个学生的兴趣和特长都有所不同，兴趣驱动的创新实践活动能够关注学生的个体差异，为每个学生提供适合他们的学习资源和机会。这样不仅能够满足学生的个性化需求，还能够促进学生的全面发展，提高他们的综合素质。

（二）兴趣驱动的创新实践活动的实施策略

1. 深入了解学生的兴趣和需求

在实施兴趣驱动的创新实践活动之前，教师需要深入了解学生的兴趣和需求。可以通过问卷调查、访谈等方式，收集学生的意见和建议，为活动设计提供有益的参考。

2. 设计具有挑战性和趣味性的实践活动

根据学生的兴趣和需求，教师可以设计具有挑战性和趣味性的实践活动。这些活动应该能够激发学生的好奇心和求知欲，让他们在探索中发现问题、解决问题，从而培养他们的创新能力和实践精神。

3. 提供必要的资源和支持

创新实践活动的实施需要一定的资源和支持。学校应提供必要的场地、设备、材料等资源，并安排专业的教师进行指导和辅导。同时，学校还可以积极寻求外部支持和合作，为学生的创新实践活动提供更多的机会和资源。

4. 建立科学的评价体系

为了更好地评估学生的创新实践活动成果，学校应建立科学的评价体系。这个体系应该注重学生的过程性评价和综合性评价，关注学生的创新能力、实践能力、解决问题的能力等方面的发展。同时，学校还可以引入外部评价机构，对学生的创新实践活动进行客观、公正的评价。

（三）兴趣驱动的创新实践活动面临的挑战与对策

1. 教师专业素养的提升

实施兴趣驱动的创新实践活动对教师提出了更高的要求。教师需要不断更新自己的教育理念和教学方法，提高自己的专业素养和能力。学校可以通过组织培训、交流研讨等方式，为教师提供必要的支持和帮助。

2. 学生参与度的提高

创新实践活动的成功实施需要学生的积极参与和投入。然而，在实际操作中，一些学生可能由于各种原因而缺乏参与的热情和动力。因此，教师需要采取多种措施来提高学生的参与度，如设计有趣的活动内容、提供丰富的奖励机制等。

3. 活动资源的优化和配置

创新实践活动的实施需要丰富的资源来支持。然而，一些学校可能面临资源不足或分配不均的问题。因此，学校需要优化和配置活动资源，充分利用现有资源，同时积极寻求外部支持和合作，为学生提供更加丰富和优质的学习资源。

兴趣驱动的创新实践活动是一种符合学生发展规律和教育改革趋势的教学模式。通过深入了解学生的兴趣和需求，设计具有挑战性和趣味性的实践活动，提供必要的资源和支持，建立科学的评价体系，我们可以有效地激发学生的创造力和探索精神，培养他们的实践能力和解决问题的能力。

然而，实施兴趣驱动的创新实践活动也面临一些挑战，如教师专业素养的提升、学生参与度的提高以及活动资源的优化和配置等。我们需要不断探索和实践，寻找有效的解决策略，以推动兴趣驱动的创新实践活动更好地服务于学生的成长和发展。

展望未来，随着科技的不断进步和教育理念的更新，我们有理由相信兴趣驱动的创新实践活动将在未来的教育体系中发挥更加重要的作用。通过不断优化和完善这一模式，我们将能够培养出更多具有创新精神和实践能力的高素质人才，为社会的繁荣和发展贡献力量。

第三节　基于项目驱动的创新创业教育

一、创新创业项目的选择与策划

在快速发展的当今社会，创新创业已成为推动社会进步和经济发展的重要力量。对于许多有志于创业的年轻人来说，选择一个合适的创新创业项目并精心策划，是实现创业梦想的关键步骤。下面将探讨创新创业项目的选择原则、策划要点以及可能面临的挑战与对策，以期为创业者提供有益的参考。

（一）创新创业项目的选择原则

1. 市场导向原则

创新创业项目的选择应始终坚持以市场需求为导向。创业者需要对目标市场进行深入调研，了解消费者的需求、竞争态势以及潜在机会。只有紧密结合市场需求，才能确保项目的可行性和盈利性。

2. 技术创新原则

技术创新是创新创业项目的核心竞争力。在选择项目时，创业者应关注行业内的技术发展趋势，寻找具有创新性和前瞻性的技术解决方案。通过技术创新，可以提高产品或服务的附加值，增强市场竞争力。

3. 可持续发展原则

创新创业项目应具有可持续发展的潜力。在选择项目时，创业者应充分考虑项目的长期效益和社会效益，避免短视行为。通过构建可持续发展的商业模式，可以确保项目的长期稳定发展。

（二）创新创业项目的策划要点

1. 明确项目定位和目标

在策划创新创业项目时，首先要明确项目的定位和目标。定位是指项目在市场中的位置和角色，目标则是指项目期望实现的经营成果。通过明确定位和目标，可以为项目的后续发展提供清晰的方向和指引。

2. 制订详细的市场营销策略

市场营销策略是创新创业项目成功的关键。创业者需要制订详细的市场营销策略，包括产品定价、渠道选择、推广手段等。通过精准的市场营销，可以吸引目标客户，提高市场份额。

3. 组建高效的项目团队

一个高效的项目团队是创新创业项目成功的保障。创业者需要组建一支具备专业技能和协作精神的团队，共同推进项目的实施。通过合理分工和有效沟通，可以确保项目的顺利进行。

4. 制定风险管理计划

创新创业项目面临着诸多风险，如市场风险、技术风险、财务风险等。因此，在策划项目时，创业者需要制订详细的风险管理计划，包括风险识别、评估、应对和监控等环节。通过有效的风险管理，可以降低项目失败的风险。

（三）创新创业项目面临的挑战与对策

1. 市场竞争激烈

随着创新创业的不断发展，市场竞争日益激烈。为了应对这一挑战，创业者需要不断提升项目的创新性和竞争力，通过差异化战略赢得市场份额。同时，也需要加强与合作伙伴的合作，共同应对市场竞争。

2. 融资难题

创新创业项目在初期往往面临资金短缺的问题。为了解决融资难题，创业者需要积极寻求多种融资渠道，如天使投资、风险投资等。同时，也需要完善项目的商业计划书和财务预测，以吸引投资者的关注。

3. 技术更新迅速

在创新创业领域，技术更新速度非常快。为了保持项目的竞争力，创业者需要密切关注行业内的技术动态，及时跟进新技术和新方法。同时，也需要加强团队的技术培训和能力提升，以适应技术发展的需求。

创新创业项目的选择与策划是一个复杂而重要的过程。通过遵循市场导向、技术创新和可持续发展等原则，以及明确项目定位和目标、制订详细的市场营销策略、组建高效的项目团队和制订风险管理计划等策划要点，创业者可以提高项目的成功概率。

然而，创新创业项目也面临着市场竞争激烈、融资难题和技术更新迅速等挑战。为了应对这些挑战，创业者需要不断提升自身的创新能力和市场竞争力，积极寻求外部支持和合作，以推动项目的持续发展。

展望未来，随着科技的不断进步和政策的持续支持，创新创业领域将迎来更多的机遇和挑战。我们相信，在广大创业者的共同努力下，一定能够创造出更多具有创新性和竞争力的优秀项目，为社会的繁荣和发展贡献力量。

二、项目团队的组建与管理

在当今竞争激烈的市场环境中，项目团队的组建与管理显得尤为重要。一个高效、协作的项目团队不仅有助于项目的顺利实施，还能为企业的长远发展奠定坚实基础。下面将围绕项目团队的组建原则、管理流程、团队文化建设以及面临的挑战与对策等方面进行深入探讨，以期为企业的项目团队管理提供有益的参考。

（一）项目团队的组建原则

1. 明确目标与任务

在项目团队组建之初，首先要明确项目的目标和任务。这有助于团队成员了解项目的整体方向，从而有针对性地开展工作。同时，明确的目标和任务也能激发团队成员的积极性和责任感，提高项目的执行效率。

2. 合理配置人力资源

根据项目需求，合理配置具备相应技能和经验的人力资源。团队成员的专业背景、技能特长和性格特点应相互补充，形成优势互补的团队结构。此外，还要考虑团队成员的地域分布、时间安排等因素，确保团队能够高效协作。

3. 强化沟通与协作

沟通是项目团队运作的关键。在组建团队时，应注重选拔具有良好沟通能力和协作精神的成员。同时，建立有效的沟通机制和协作平台，确保团队成员之间能够及时、准确地传递信息，共同解决问题。

（二）项目团队的管理流程

1. 制订详细的项目计划

项目计划是项目团队管理的基石。在制订项目计划时，应充分考虑项目的目标、任务、资源、时间等因素，确保计划的合理性和可行性。同时，要对项目计划进行定期评估和调整，以适应项目执行过程中的变化。

2. 分配明确的任务与责任

根据项目计划，将任务和责任明确分配给团队成员。要确保每个成员都清楚自己的职责和工作目标，以便有针对性地开展工作。同时，要建立任务跟踪和反馈机制，及时了解任务进展情况，确保项目按计划推进。

3. 监控项目进度与风险

在项目实施过程中，要对项目进度进行实时监控，确保项目按计划进行。同时，要对项目风险进行识别和评估，制订相应的风险应对措施。对于出现的问题和困难，要及时组织团队成员进行讨论和解决，确保项目的顺利进行。

4. 评估与反馈

项目结束后，要对项目团队的绩效进行评估。通过收集团队成员的反馈意见，了解团队在项目执行过程中的优缺点，为今后的项目团队管理提供经验和教训。同时，要对团队成员进行表彰和奖励，激励他们继续为企业的项目发展贡献力量。

（三）项目团队的文化建设

1. 建立信任与尊重的氛围

在项目团队中，信任与尊重是团队文化的重要基石。团队成员之间应相互信任、尊重彼此的观点和贡献，形成积极向上的团队氛围。同时，领导者要以身作则，树立榜样，引导团队成员树立正确的价值观和职业观。

2. 倡导创新与协作精神

创新是推动项目团队发展的不竭动力。在项目团队中，应鼓励成员敢于尝试新方法、新思路，勇于挑战传统观念。同时，要加强团队协作精神的培养，让团队成员在共同的目标下携手并进，共同实现项目的成功。

3. 营造宽松与包容的环境

在项目团队中，应营造宽松、包容的工作环境，允许团队成员在探索过程中犯错误、试错。领导者要关注团队成员的成长和发展，提供必要的支持和帮助，让团队成员在宽松的环境中不断成长和进步。

（四）项目团队面临的挑战与对策

1. 团队成员间的沟通与协作问题

在项目团队中，由于成员之间的性格、背景、经验等方面的差异，可能会导致沟通障碍和协作困难。为了应对这一挑战，可以加强团队建设活动，增进团队成员之间的了解和信任；同时，建立有效的沟通机制和协作平台，确保信息的畅通和任务的顺利推进。

2. 项目进度与质量的平衡问题

在项目实施过程中，往往需要在进度和质量之间进行权衡。为了确保项目的成功实施，项目团队需要制订合理的进度计划和质量标准，并在执行过程中进行严格的监控和调整。同时，要注重团队成员的技能提升和经验积累，提高团队的整体执行能力和应对风险的能力。

3. 团队成员的激励与留任问题

项目团队的稳定性和凝聚力对于项目的成功至关重要。为了激励团队成员积极投入工作并留任，可以建立合理的薪酬体系和晋升机制，让团队成员的付出得到应有的回报；同时，关注团队成员的职业发展和成长需求，提供必要的培训和发展机会，增强团队的凝聚力和向心力。

项目团队的组建与管理是一个复杂而重要的过程。通过明确目标与任务、合理配置人力资源、强化沟通与协作等原则，以及制订详细的项目计划、分配明确的任务与责任、监控项目进度与风险等管理流程，可以构建高效、协作的项目团队。同时，注重团队文化的建设和应对挑战的策略制定，有助于提升团队的凝聚力和执行力，推动项目的顺利实施和企业的长远发展。

展望未来，随着市场竞争的加剧和技术的不断进步，项目团队的组建与管理将面临更多的挑战和机遇。我们需要不断探索和创新，以适应不断变化的市场环境和技术要求。同时，加强团队建设和管理人才的培养也是提升企业核心竞争力的关键所在。相信在广大企业和管理者的共同努力下，一定能够打造出更加优秀、高效的项目团队，为企业的可持续发展贡献力量。

第四节　基于行业经验的创新创业教育

一、行业导师的引入与指导

在当今社会，随着科技的飞速发展和产业的快速更新，创新创业已经成为了推动社会进步的重要动力。而在这一过程中，行业导师的引入与指导无疑起到了举足轻重的作用。他们凭借丰富的行业经验和深厚的专业知识，为创业者提供了宝贵的建议和指导，帮助他们更好地把握市场脉搏，规避潜在风险，实现创业梦想。下面将围绕行业导师的引入与指导进行深入探讨，以期为创业者和行业导师之间的合作提供有益的参考。

（一）行业导师的重要性

行业导师作为具有丰富经验和专业知识的行业精英，他们在创业过程中发挥着不可替代的作用。首先，行业导师能够为创业者提供深入的行业洞察和市场分析，帮助他们更好地了解行业趋势和市场需求，从而制定出更加精准的创业策略。其次，行业导师还能够为创业者提供实践经验和技能指导，帮助他们提升创业能力和竞争力。此外，行业导师还可以通过自身的人脉资源，为创业者搭建起更广泛的合作平台，促进项目的快速发展。

（二）引入行业导师的途径

引入行业导师的途径多种多样，创业者可以根据自身需求和实际情况选择适合的方式。一种常见的途径是通过行业协会、商会等组织，寻找具有丰富经验和专业知识的导师。这些组织通常会定期举办交流活动，为创业者和导师提供互动的机会。此外，创业者还可以通过社交媒体、网络平台等渠道，主动寻找并联系心仪的导师，建立合作关系。

（三）行业导师的指导内容

行业导师的指导内容涵盖多个方面，旨在帮助创业者全面提升创业能力和项目质量。首先，导师会对创业者的项目进行初步评估，提出针对性的建议和意见，帮助创业者明确项目定位和发展方向。其次，导师会关注创业者的团队建设和人才培养，提供人才选拔、培训和激励等方面的指导，打造高效协作的团队。此外，导师还会关注创业者的市场拓展和融资策略，提供市场分析、营销策略和融资渠道等方面的建议，帮助创业者更好地应对市场挑战。

（四）行业导师的指导方式

行业导师的指导方式灵活多样，以适应不同创业者的需求和特点。一方面，导师可以通过面对面的方式，与创业者进行深入交流和讨论，针对具体问题提供解决方案。这种方式有助于建立更加紧密的师生关系，促进双方的相互了解和信任。另一方面，导师还可以通过电话、邮件、视频会议等远程方式，为创业者提供及时的指导和支持。这种方式不受地域限制，方便创业者随时随地获取导师的建议和帮助。

（五）行业导师与创业者的互动与合作

行业导师与创业者之间的互动与合作是一个双向的过程。创业者需要积极向导师请教和学习，认真听取导师的建议和指导，并在实践中加以运用。同时，创业者也需要主动分享自己的进展和困难，以便导师能够更好地了解项目情况，提供更加精准的指导。而导师则需要保持开放和包容的态度，尊重创业者的想法和决策，鼓励他们在实践中不断探索和创新。此外，导师还可以通过组织交流活动、搭建合作平台等方式，促进创业者之间的交流和合作，共同推动项目的快速发展。

（六）面临的挑战与对策

尽管行业导师的引入与指导为创业者带来了诸多好处，但在实际操作过程中仍面临一些挑战。例如，如何选择合适的导师、如何保持与导师的有效沟通、如何充分利用导师的资源等。针对这些挑战，创业者可以采取以下对策。首先，明确自己的需求和目标，选择合适的导师进行合作；其次，建立良好的沟通机制，保持与导师的定期联系和交流；最后，充分利用导师的资源和人脉优势，拓展合作渠道和资源网络。

行业导师的引入与指导对于创业者的成功至关重要。通过选择合适的导师、建立良好的沟通机制以及充分利用导师的资源优势，创业者可以获得宝贵的行业洞察、实践经验和人脉支持，从而提升创业能力和项目质量。未来，随着创新创业的不断发展和社会对创业人才的需求日益增长，行业导师的角色将更加凸显。我们期待更多的行业精英能够加入到导师队伍中来，为创业者提供更加全面、专业的指导和支持。同时，也希望创业者和导师能够加强互动与合作，共同推动创新创业事业的发展。

二、企业实习与创新创业实践的结合

在快速发展的时代背景下，创新创业已经成为推动社会进步的重要动力。对于企业而言，拥有具备创新思维和创业精神的员工是其保持竞争力的关键。而对于即将踏入社会的学子们来说，将企业实习与创新创业实践相结合，无疑是提升个人能力、实现自我价值的重要途径。下面将从多个维度探讨企业实习与创新创业实践的结合，以期为读者提供有益的启示。

（一）企业实习对于创新创业实践的价值

企业实习为学生提供了一个了解真实工作环境的平台，使他们能够深入体验企业的运营模式和业务流程。在这一过程中，学生不仅能够学习到专业知识，还能够积累实践经验，为未来的创新创业之路打下坚实的基础。

（1）企业实习有助于学生了解市场需求和行业动态。通过实习，学生可以接触到企业的客户、合作伙伴以及竞争对手，从而更加深入地了解市场的需求和变化。这种对市场的敏锐洞察能力对于创新创业至关重要，它能够帮助学生在创业过程中准确把握市场脉搏，制订出切实可行的商业计划。

（2）企业实习能够培养学生的团队协作精神和沟通能力。在实习过程中，学生需要与不同部门和岗位的同事进行协作，共同完成任务。这种跨部门的合作经验能够帮助学生更好地适应未来的创新创业环境，提升他们的团队协作能力和沟通技巧。

（3）企业实习还能够帮助学生建立人脉资源。通过实习，学生可以结识到来自不同领域和行业的人士，为未来的创新创业之路积累人脉资源。这些人脉资源不仅可以提供宝贵的建议和指导，还可以为创业项目提供资金、技术等方面的支持。

（二）创新创业实践对企业实习的促进作用

创新创业实践同样对企业实习具有重要的促进作用。通过创新创业实践，学生可以将所学的知识和技能应用到实际问题中，从而加深对理论知识的理解和掌握。同时，创新创业实践还能够提升学生的创新思维和解决问题的能力，使他们在实习过程中更加出色地完成任务。

一方面，创新创业实践能够帮助学生形成独特的创新思维。在创业过程中，学生需要不断尝试新的方法、探索新的领域，这种勇于尝试的精神能够激发他们的创新思维。而这种创新思维正是企业在面对市场变化时所需要的宝贵品质。因此，具备创新思维的学生在实习过程中更容易得到企业的认可和青睐。

另一方面，创新创业实践能够提升学生的问题解决能力。在创业过程中，学生会遇到各种各样的挑战和困难，他们需要运用所学的知识和技能去解决问题。这种解决问题的经验能够使学生在实习过程中更加从容应对各种复杂情况，展现出优秀的工作能力和专业素养。

（三）如何有效结合企业实习与创新创业实践

为了有效结合企业实习与创新创业实践，我们需要从以下几个方面入手。

（1）学校应加强与企业的合作，建立稳定的实习基地。通过与企业的紧密合作，学校可以为学生提供更多的实习机会和实践平台，使他们能够更好地了解市场需求和行业动态。

（2）学校应鼓励并支持学生参与创新创业项目。通过设立创新创业基金、举办创新创业大赛等方式，学校可以激发学生的创业热情和创新精神，为他们提供展示才华和实现梦想的机会。

（3）学生自身也应积极寻求实习机会并主动参与创新创业实践。通过不断学习和实践，学生可以不断提升自己的能力和素质，为未来的职业发展打下坚实的基础。

（四）面临的挑战与对策

尽管企业实习与创新创业实践的结合具有诸多优势，但在实际操作过程中仍面临一些挑战。例如，企业可能担心学生的实习会影响其正常工作进度，而学生则可能因缺乏经验而难以应对实习中的各种问题。为了克服这些挑战，我们可以采取以下对策。

对于企业而言，可以建立完善的实习生管理制度和培训机制，确保学生在实习过程中能够得到充分的指导和帮助。同时，企业也可以将实习生纳入其人才储备计划，为未来的招聘和人才培养打下基础。

对于学生而言，应提前了解实习岗位的工作内容和要求，做好充分的准备。在实习过程中，应积极向导师和同事请教和学习，不断提升自己的能力和素质。此外，学生还应保持积极的心态和乐观的态度，勇敢面对各种挑战和困难。

企业实习与创新创业实践的结合对于提升学生的能力和素质、推动创新创业事业的发展具有重要意义。通过加强学校与企业的合作、鼓励学生参与创新创业项目以及建立完善的实习生管理制度和培训机制等措施，我们可以有效促进企业实习与创新创业实践的结合，为培养更多具有创新思维和创业精神的人才做出贡献。

展望未来，随着社会的不断发展和科技的不断进步，企业实习与创新创业实践的结合将更加紧密。我们期待更多的学校和企业能够加强合作，共同推动这一领域的发展，为培养更多优秀的人才、推动社会进步做出更大的贡献。

三、行业经验在创新创业教育中的应用

在当今快速发展的时代背景下，创新创业教育已经成为高等教育的重要组成部分。而在这一过程中，行业经验的应用显得尤为重要。行业经验不仅能够帮助教育者更好地理解市场需求和行业动态，还能够为学生提供更加贴近实际的学习体验，促进他们的创新创业能力的提升。下面将深入探讨行业经验在创新创业教育中的应用，以期为相关教育实践提供有益的参考。

（一）行业经验在创新创业教育中的重要性

行业经验是指在某个特定行业或领域中积累的实践经验和专业知识。在创新创业教育中，行业经验的应用具有多重重要性。

首先，行业经验有助于教育者把握市场脉搏和行业动态。教育者通过深入了解行业趋势、市场需求以及竞争态势，能够为学生提供更加精准的市场分析和创业指导。这有助于学生更好地把握创业机会，规避潜在风险，提高创业成功率。

其次，行业经验能够丰富教育内容和方法。教育者可以将自己的实践经验融入教学中，通过案例分析、项目实践等方式，使学生更加直观地了解创业过程中的实际问题和挑战。这种教学方式不仅能够激发学生的学习兴趣和积极性，还能够提升他们的实践能力和解决问题的能力。

此外，行业经验还能够帮助学生建立人脉资源。教育者通过与行业内的专业人士建立联系，可以为学生搭建起与业界交流的桥梁。这有助于学生拓展人脉圈子，获取更多的创业资源和信息，为未来的创业之路奠定坚实的基础。

（二）行业经验在创新创业教育中的具体应用

行业经验在创新创业教育中的应用体现在多个方面。

（1）在教育内容的设计上，教育者可以结合自己的行业经验，制订更加贴近实际的教学大纲和课程计划。他们可以将行业内的典型案例、热点问题以及前沿技术引入课堂，使学生更加深入地了解行业的实际运作情况和发展趋势。

（2）在教学方法的选择上，教育者可以运用行业经验，采用更加灵活多样的教学方式。例如，通过组织学生进行实地考察、企业访谈等活动，让学生亲身感受行业的氛围和运作方式；或者邀请行业内的专家学者来校举办讲座、研讨会等，为学生提供与业界人士交流的机会。

（3）在实践教学环节上，教育者可以利用行业经验，设计更具挑战性的实践项目。这些项目可以模拟真实的创业环境，让学生在实践中锻炼自己的创新创业能力。同时，教育者还可以为学生提供创业指导、资源对接等服务，帮助他们更好地将理论知识

转化为实践成果。

（三）行业经验在创新创业教育中的挑战与对策

尽管行业经验在创新创业教育中具有重要的应用价值，但在实际操作过程中也面临一些挑战。

（1）教育者的行业经验可能存在局限性。不同行业、不同领域之间的经验和知识存在差异，教育者可能难以覆盖所有行业的需求。为了克服这一挑战，教育者可以通过不断学习、参加培训等方式，提升自己的行业素养和专业能力；同时，也可以加强与其他教育者的合作与交流，共同分享和积累行业经验。

（2）行业经验的应用需要与其他教育资源相结合。在教育过程中，不能过分依赖行业经验而忽视其他教育资源的作用。教育者需要综合考虑学生的需求、学校的条件以及社会的需求等因素，合理安排教育内容和方法。

（3）行业经验的应用还需要注重与时俱进。随着科技的不断进步和市场的不断变化，行业经验也需要不断更新和升级。教育者需要保持敏锐的洞察力，关注行业的最新动态和发展趋势，及时调整教育策略和方法。

（四）行业经验在创新创业教育中的未来展望

随着创新创业教育的不断深入发展，行业经验的应用将越来越广泛。未来，我们可以预见以下几个方面的发展趋势。

（1）行业经验将更加深入地融入教育内容和教学方法中。教育者将更加注重将行业内的实践经验、前沿技术以及市场需求等因素融入教学中，使教育内容更加贴近实际、更具针对性。

（2）行业经验将成为连接学校与社会的桥梁。通过加强学校与企业的合作与交流，教育者可以更加深入地了解企业的需求和市场的变化，为学生提供更加精准的创业指导和资源对接服务。

（3）行业经验将成为提升学生创新创业能力的重要途径。通过参与行业实践、企业实习等活动，学生可以更加深入地了解行业的运作方式和市场需求，锻炼自己的创新创业能力，为未来的创业之路打下坚实的基础。

行业经验在创新创业教育中具有不可替代的作用。通过深入挖掘和应用行业经验，我们可以为学生提供更加贴近实际、更具针对性的教育内容和教学方法，促进他们创新创业能力的提升。同时，我们也需要关注行业经验应用的挑战与问题，不断寻求解决方案和改进措施。相信在未来的发展中，行业经验将在创新创业教育中发挥更加重要的作用，为培养更多具有创新精神和实践能力的人才做出更大的贡献。

第五节 创新创业教育内容与目标的协调

一、教育内容与目标的一致性检验

在教育领域，教育内容与目标的一致性是一个至关重要的概念。它指的是教育过程中所传递的知识、技能和价值观与预期的教育目标之间的契合程度。这种一致性对于确保教育质量和效果具有至关重要的作用。下面将对教育内容与目标的一致性进行深入的探讨，并提出相应的检验方法。

（一）教育内容与目标一致性的重要性

教育内容与目标的一致性对于教育活动的成功至关重要。首先，一致性有助于确保教育目标的实现。当教育内容紧密围绕目标展开时，教育者能够有针对性地设计教学活动，使学生能够有针对性地学习和掌握所需的知识和技能。其次，一致性有助于提高学生的学习效果。当教育内容与目标相符合时，学生能够更加清晰地理解学习的目的和意义，从而更加投入地学习，提高学习效果。最后，一致性还有助于提升教育质量和声誉。教育机构通过确保教育内容与目标的一致性，能够展示其专业性和对教育质量的承诺，从而吸引更多的学生和家长。

（二）教育内容与目标一致性的检验方法

为确保教育内容与目标的一致性，我们可以采用以下几种检验方法。

（1）对比分析法。对比分析法是一种常用的检验教育内容与目标一致性的方法。教育者可以将教育目标逐一列出，并与教育内容进行对比分析。通过比较教育目标与教育内容在知识点、技能点和价值观等方面的契合程度，可以判断两者是否一致。如果教育内容能够全面覆盖教育目标，且没有偏离或遗漏，那么就可以认为两者具有一致性。

（2）专家评审法。专家评审法是一种借助专家意见来检验教育内容与目标一致性的方法。教育者可以邀请相关领域的专家对教育内容和目标进行评审。专家会根据自己的专业知识和经验，对教育内容和目标的契合程度进行评估，并提出改进意见。通过专家的评审和反馈，教育者可以更加客观地了解教育内容与目标的一致性情况，并进行相应的调整和改进。

（3）学生反馈法。学生反馈法是另一种检验教育内容与目标一致性的有效方法。教育者可以通过问卷调查、访谈等方式收集学生对教育内容和目标的反馈意见。学生作为教育的直接受众，他们的反馈能够直接反映教育内容与目标的一致性程度。通过分析学生的反馈数据，教育者可以了解学生对教育内容的接受程度、对目标的认知程度以及存在的问题和困难，从而调整教育内容和教学方法，使其更加符合学生的需求和期望。

（4）教学效果评估法。教学效果评估法是通过评估学生的学习成果来检验教育内容与目标一致性的方法。教育者可以通过考试、作业、实践操作等方式评估学生的学习成果，并将其与教育目标进行对比分析。如果学生的学习成果能够较好地达成教育目标，那么就可以认为教育内容与目标具有一致性。同时，教育者还可以根据教学效果评估的结果，对教育内容和目标进行反思和调整，以进一步提高教育质量。

（三）提升教育内容与目标一致性的策略

为确保教育内容与目标的一致性，除了采用上述检验方法外，教育者还可以采取以下策略。

（1）清晰设定教育目标。明确、具体的教育目标是实现教育内容与目标一致性的前提。教育者应该根据课程要求、学生需求和社会需求等因素，制定明确、具体的教育目标，确保目标具有可操作性和可评估性。

（2）优化教育内容设计。教育者应该根据教育目标，有针对性地设计教育内容。在教育内容的设计过程中，要充分考虑知识点的逻辑关系、技能点的培养顺序以及价值观的渗透方式，确保教育内容能够全面覆盖教育目标，且没有偏离或遗漏。

（3）加强教学过程中的目标导向。在教学过程中，教育者应该始终关注教育目标的实现情况。通过明确告知学生教育目标、引导学生理解目标意义、鼓励学生围绕目标进行学习和实践等方式，加强教学过程中的目标导向，确保学生的学习活动始终围绕教育目标展开。

（4）持续改进教育内容与目标的一致性。教育者应该定期回顾和评估教育内容与目标的一致性情况，并根据评估结果进行持续改进。在改进过程中，要充分考虑学生的反馈意见、教学效果评估结果以及教育领域的新动态和新要求等因素，确保教育内容与目标始终保持高度一致性。

教育内容与目标的一致性是确保教育质量和效果的关键因素。通过采用对比分析法、专家评审法、学生反馈法和教学效果评估法等检验方法，我们可以有效地判断教育内容与目标的一致性程度。同时，教育者还可以通过清晰设定教育目标、优化教育内容设计、加强教学过程中的目标导向以及持续改进教育内容与目标的一致性等策略，不断提升教育内容与目标的一致性水平，为培养更多优秀人才做出积极贡献。

二、教育内容对目标实现的支撑作用

在教育实践中，教育内容与教育目标之间存在着密不可分的关系。教育内容是教育目标的载体，是实现教育目标的重要手段和途径。通过精心设计的教育内容，我们可以有效地支撑教育目标的实现，促进学生的全面发展。下面将从多个维度探讨教育内容对目标实现的支撑作用。

（一）教育内容对教育目标实现的直接支撑

首先，教育内容直接体现了教育目标的要求。教育目标是教育活动的预期结果，而教育内容则是达成这些目标所需的具体知识、技能和价值观。因此，教育内容的选择和设计必须紧密围绕教育目标展开，确保每一项内容都与目标的实现密切相关。

其次，在教育过程中，教育者通过传授知识、培养技能、引导价值观等方式，将教育内容转化为学生的学习成果。这些学习成果正是教育目标的具体体现。因此，教育内容的科学性和合理性直接关系到教育目标的实现程度。

（二）教育内容对教育目标实现的间接支撑

除了直接支撑教育目标的实现外，教育内容还通过一系列间接方式促进目标的达成。

（1）教育内容有助于激发学生的学习兴趣和动力。当教育内容与学生的兴趣、需求和生活经验相结合时，学生更容易产生学习热情和主动性。这种积极的学习态度有助于提高学习效果，进而促进教育目标的实现。

（2）教育内容有助于培养学生的自主学习能力和创新精神。通过设计具有挑战性和开放性的教育内容，教育者可以引导学生主动探索、发现问题并解决问题。这种学习方式有助于培养学生的独立思考能力和创新精神，为他们的未来发展奠定坚实基础。

（3）教育内容还有助于培养学生的综合素质。在教育过程中，教育者不仅关注学生的知识和技能培养，还注重学生的情感态度、价值观和社会责任感等方面的培养。通过精心设计的教育内容，教育者可以帮助学生形成良好的道德品质和社会责任感，提升他们的综合素质。

（三）教育内容在目标实现中的导向与规范作用

教育内容在目标实现过程中发挥着导向与规范作用。

首先，它为学生提供了明确的学习方向和目标，使他们在学习过程中能够有的放矢，避免盲目和无效的努力。通过教育内容的引导，学生可以更加清晰地了解自己的学习需求和目标，从而更加高效地投入到学习中去。

其次，教育内容还具有规范作用。它为学生提供了一定的学习标准和要求，使他们在学习过程中能够遵循一定的规范和准则。这些规范和准则不仅有助于保证学习质量，还能够培养学生的自律意识和责任感，使他们在学习过程中形成良好的学习习惯和行为习惯。

（四）优化教育内容以提升对目标实现的支撑效果

为了充分发挥教育内容对目标实现的支撑作用，我们需要不断优化教育内容的设计和实施。具体而言，可以从以下几个方面着手。

（1）要确保教育内容的科学性和时代性。教育者应紧密关注学科发展的最新动态和社会需求的变化，及时更新和调整教育内容，确保其与时俱进、符合时代要求。

（2）要注重教育内容的实用性和趣味性。实用性的教育内容能够帮助学生将所学知识应用于实际生活中，提高他们的实践能力；而趣味性的教育内容则能够激发学生的学习兴趣和积极性，提高他们的学习效果。

（3）还要关注教育内容的系统性和连贯性。教育者应根据学生的认知发展规律和学习需求，合理安排教育内容的顺序和难度，确保学生在学习过程中能够循序渐进、逐步提高。

（4）要注重教育内容的创新性和拓展性。教育者应鼓励学生进行批判性思考和创造性实践，培养他们的创新精神和探索能力；同时，还应为学生提供更多的拓展性学习资源和实践机会，帮助他们拓宽视野、增长见识。

综上所述，教育内容对目标实现具有重要的支撑作用。它直接体现了教育目标的要求，并通过激发学生的学习兴趣、培养学生的自主学习能力和创新精神等方式间接促进目标的达成。为了充分发挥这种支撑作用，我们需要不断优化教育内容的设计和实施，确保其科学、实用、有趣、系统、连贯、创新和拓展。只有这样，我们才能更好地支撑教育目标的实现，培养出更多具有创新精神和实践能力的人才。

三、根据目标调整与优化教育内容

在教育领域，教育内容与教育目标之间存在着紧密的联系。教育目标是教育活动的指南针，而教育内容则是实现这些目标的工具和载体。因此，根据目标调整与优化教育内容，对于提升教育质量、促进学生全面发展具有重要意义。下面将深入探讨如何根据目标调整与优化教育内容，以期为教育实践提供有益的参考。

（一）明确教育目标，把握调整方向

明确教育目标是调整与优化教育内容的前提和基础。教育目标不仅反映了社会对教育的期望和需求，也体现了学生个人发展的方向和追求。因此，教育者需要深入理解和把握教育目标的内涵和要求，将其转化为具体、可操作的教育内容。

在明确教育目标的过程中，教育者需要关注以下几个方面。首先，要关注国家和社会的发展需求，了解国家对人才培养的要求和期望。其次，要关注学生的身心发展特点和个性差异，确保教育目标符合学生的实际需求。最后，要关注学科的发展趋势和前沿

动态，确保教育目标具有前瞻性和创新性。

（二）根据目标调整教育内容，确保针对性与实效性

在明确教育目标的基础上，教育者需要根据目标调整教育内容，确保教育内容的针对性和实效性。具体而言，可以从以下几个方面进行调整。

（1）增减知识点。根据教育目标的要求，对教育内容进行适当的增减。对于与目标紧密相关的知识点，应予以保留和强化；对于与目标关系不大或已经过时的知识点，可以进行删减或替换。

（2）调整难度与深度。根据教育目标的层次和要求，对教育内容的难度和深度进行调整。对于基础性和普及性的教育目标，应注重基础知识和基本技能的传授；对于高阶和拓展性的教育目标，则应适当增加难度和深度，引导学生进行深入学习和探究。

（3）融入实践元素。实践是检验真理的唯一标准，也是实现教育目标的重要途径。因此，在调整教育内容的过程中，应充分融入实践元素，如实验、社会实践、项目学习等，让学生在实践中学习和运用知识，提升他们的实践能力和创新精神。

（4）关注跨学科融合。随着社会的快速发展和知识的不断更新，跨学科融合已成为教育发展的重要趋势。在调整教育内容的过程中，教育者应关注不同学科之间的联系和融合点，设计跨学科的综合性学习内容，以培养学生的综合素质和解决问题的能力。

（三）优化教育内容的组织与呈现方式，提升学习效果

优化教育内容的组织与呈现方式，对于提升学习效果具有重要意义。具体而言，可以从以下几个方面进行优化。

（1）逻辑清晰、条理分明。教育内容的组织应遵循学生的认知规律和学习特点，确保知识之间的连贯性和系统性。同时，教育者还应注重内容的条理性和层次性，使学生能够清晰地把握知识框架和脉络。

（2）图文并茂、生动形象。在呈现教育内容时，应充分利用多媒体技术和教学资源，以图文并茂、生动形象的方式展示知识。这不仅可以激发学生的学习兴趣和积极性，还有助于他们更好地理解和掌握知识。

（3）互动性强、参与度高。优化教育内容的呈现方式还应注重互动性和参与度。教育者可以通过设计课堂讨论、小组合作、角色扮演等活动，引导学生积极参与学习过程，培养他们的合作精神和创新能力。

（四）持续评估与反馈，完善教育内容调整与优化机制

教育内容的调整与优化是一个持续的过程，需要教育者不断进行评估和反馈。具体而言，可以从以下几个方面进行完善。

（1）建立评估机制。教育者应建立科学的评估机制，对教育内容的实施效果进行定期评估。评估内容应包括学生的学习成果、学习兴趣、学习态度等方面，以确保教育内容的针对性和实效性。

（2）收集反馈意见。教育者应积极收集学生和家长的反馈意见，了解他们对教育内容的看法和建议。这些反馈意见可以为教育内容的调整与优化提供有益的参考。

（3）及时调整改进。根据评估结果和反馈意见，教育者应及时对教育内容进行调整和改进。对于存在的问题和不足，应制定具体的改进措施并付诸实施；对于成功的经验和做法，应进行总结和推广，以不断完善教育内容调整与优化机制。

根据目标调整与优化教育内容是一项复杂而重要的任务。它要求教育者深入理解和把握教育目标的内涵和要求，根据目标调整教育内容的结构、难度和呈现方式，以确保教育内容的针对性和实效性。同时，教育者还应建立科学的评估机制，不断收集反馈意见并进行调整改进，以完善教育内容调整与优化机制。通过这些努力，我们可以更好地实现教育目标，促进学生的全面发展。

第四章　大学生创新创业教育方法体系建设

第一节　传统教学方法的不足与问题

一、传统教学方法的局限性

传统教学方法，如讲授法、演示法等，在教育领域中长期占据主导地位。然而，随着时代的进步和教育理念的更新，这些传统方法的局限性逐渐暴露出来。下面将深入探讨传统教学方法的局限性，以期引发对教学方法创新的思考。

（一）缺乏学生主体性的发挥

传统教学方法往往以教师为中心，注重知识的单向传递。在这种模式下，学生往往处于被动接受的状态，缺乏主动思考和探索的机会。这种缺乏主体性的教学方式不利于培养学生的创新思维和实践能力，也容易导致学生对学习产生厌倦和抵触情绪。

（二）忽视学生的个体差异

每个学生都具有独特的个性、兴趣和学习能力。然而，传统教学方法往往采用"一刀切"的方式，忽视学生的个体差异。这种统一的教学模式无法满足不同学生的学习需求，也无法充分发掘每个学生的潜能。这不仅限制了学生的个人发展，也影响了教育质量的提升。

（三）缺乏互动与合作

传统教学方法注重教师的讲解和学生的听讲，缺乏师生之间、学生之间的有效互动与合作。这种单向的沟通方式不利于激发学生的学习兴趣和积极性，也无法培养学生的团队协作和沟通能力。在当今这个强调合作与交流的时代，缺乏互动与合作的教学方法显然已经不适应时代的需求。

（四）无法适应知识的快速更新

随着科技的进步和信息的爆炸式增长，知识的更新速度越来越快。然而，传统教学方法往往注重知识的记忆和应试技巧的训练，忽视了对学生学习能力和适应能力的培养。这种教学方式无法帮助学生有效地应对知识的快速更新和变化，也无法为他们未来的职业发展打下坚实的基础。

（五）评估方式单一且片面

传统教学方法的评估方式往往以考试为主，过分强调对知识的记忆和应试技巧的掌握。这种单一的评估方式无法全面反映学生的综合素质和能力水平，也容易导致学生产生应试心理，忽视对知识的深入理解和应用。此外，这种评估方式还容易导致教育过程中的"应试导向"，使得教育偏离了其本质和目的。

（六）技术应用的不足

在信息化时代，教育技术的发展为教育创新提供了无限可能。然而，传统教学方法往往忽视了教育技术的应用，或者仅仅将其作为辅助手段。这使得教学过程缺乏科技支持，无法充分利用现代技术带来的便利和优势。例如，虚拟现实、人工智能等新兴技术在教学中的应用，可以为学生提供更加生动、直观的学习体验，提升学习效果。但传统教学方法往往未能充分利用这些技术资源。

（七）缺乏对学生情感和社会性发展的关注

传统教学方法过于关注知识的传授和技能的训练，往往忽视了学生情感和社会性发展的重要性。学生在学习过程中不仅需要掌握知识技能，还需要培养良好的情感态度、价值观和社会适应能力。然而，传统教学方法往往无法有效满足这些需求，导致学生在情感和社会性发展方面存在不足。

综上所述，传统教学方法存在诸多局限性，已经无法满足当今时代对教育的需求。为了培养具有创新思维、实践能力和社会适应能力的人才，我们必须对传统教学方法进行改革和创新。具体来说，可以从以下几个方面着手：一是尊重学生主体性，激发学生的学习兴趣和积极性；二是关注学生的个体差异，实施个性化教学；三是加强师生、生生之间的互动与合作，培养学生的团队协作能力；四是利用教育技术丰富教学手段和资源，提升教学效果；五是改革评估方式，全面评价学生的综合素质和能力水平；六是关注学生的情感和社会性发展，促进其全面发展。通过这些措施的实施，我们可以逐步克服传统教学方法的局限性，推动教育事业的进步和发展。

二、传统教学方法在创新创业教育中的不适应性

随着社会的快速发展和科技的日新月异，创新创业能力的培养成为了现代教育的重要目标之一。然而，传统的教学方法往往难以适应这种新型的教育需求，其在创新创业教育中的不适应性逐渐凸显。下面将深入探讨传统教学方法在创新创业教育中的不适应性，以期引发对教学方法改革的思考。

（一）缺乏创新思维的培养

传统教学方法往往注重知识的灌输和应试技巧的训练，忽视了对学生创新思维的

培养。在创新创业教育中，创新思维是至关重要的，它要求学生具备独立思考、发现问题、解决问题的能力。然而，传统教学方法中的机械记忆和重复练习无法激发学生的创新思维，反而可能抑制其创新潜能的发挥。

（二）缺乏实践能力的锻炼

创新创业教育强调实践性和应用性，要求学生能够将所学知识运用到实际创业过程中。然而，传统教学方法往往脱离实际，缺乏对学生实践能力的锻炼。传统课堂上的讲解和演示无法替代真实的创业实践，学生难以从中获得实际的创业经验和技能。这种缺乏实践的教学方法无法满足创新创业教育的需求，也无法培养出具备实践能力的创业人才。

（三）忽视团队协作的重要性

在创新创业过程中，团队协作是不可或缺的一环。然而，传统教学方法往往强调个人学习和竞争，忽视了团队协作的重要性。这种教学方式导致学生缺乏团队协作的经验和能力，难以适应创业团队的需求。此外，传统教学方法中的单向沟通方式也无法培养学生的沟通能力和合作精神，这对于创新创业来说是一个致命的缺陷。

（四）难以应对快速变化的市场环境

创新创业教育需要密切关注市场动态和行业发展，以便及时调整教学策略和培养方向。然而，传统教学方法往往过于僵化，难以应对快速变化的市场环境。传统教材和教学内容往往滞后于行业的发展，无法为学生提供最新的创业信息和趋势。同时，传统教学方法中的固定教学模式也无法适应不同行业和领域的创业需求，使得学生在面对实际创业问题时感到无所适从。

（五）缺乏对学生创业激情的激发

创业激情是推动学生积极投身创业活动的重要动力。然而，传统教学方法往往缺乏对学生创业激情的激发。传统课堂上的讲解和演示往往无法引起学生的兴趣和共鸣，使得学生对创业活动缺乏热情和动力。此外，传统教学方法中的评价方式也往往过于注重分数和成绩，忽视了对学生创业精神和创新能力的评价，进一步削弱了学生对创业的热情。

（六）忽视创业教育的跨学科性

创新创业活动往往涉及多个领域的知识和技能，需要跨学科的综合素养。然而，传统教学方法往往按照学科分类进行教学，忽视了不同学科之间的内在联系和融合。这种教学方式导致学生难以形成全面的知识结构和跨学科的思维方式，无法适应创新创业的复杂性和多样性。

综上所述，传统教学方法在创新创业教育中存在诸多不适应性。为了培养具备创新思维、实践能力、团队协作精神和适应市场变化能力的创业人才，我们需要对传统教学方法进行深入的改革和创新。具体来说，我们可以采取以下措施：一是引入创新教育理念和方法，注重培养学生的创新思维和实践能力；二是加强实践教学环节，为学生提供更多的创业实践机会；三是注重团队协作能力的培养，鼓励学生之间的合作与交流；四是关注市场动态和行业发展，及时调整教学策略和培养方向；五是激发学生的创业激情，培养他们的创业精神和创新能力；六是加强跨学科教学，培养学生的综合素养和跨学科思维。通过这些措施的实施，我们可以逐步克服传统教学方法在创新创业教育中的不适应性，推动创新创业教育的深入发展。

三、对传统教学方法的改革与创新需求

随着时代的进步和教育理念的不断更新，传统教学方法的局限性日益凸显。为了满足当代学生的学习需求，提升教育质量，对传统教学方法进行改革与创新成为了迫切的需求。下面将从多个方面探讨对传统教学方法的改革与创新需求。

（一）适应学生个性化发展的需求

每个学生都是独一无二的个体，他们具有不同的兴趣、特长和学习风格。然而，传统教学方法往往采用"一刀切"的教学模式，忽视了学生的个性化差异。这种教学方式无法满足学生的个性化发展需求，也无法充分发掘每个学生的潜能。因此，对传统教学方法进行改革与创新，需要关注学生的个性化需求，实施差异化教学。通过了解学生的学习特点和兴趣，制订个性化的教学计划和教学策略，以满足不同学生的学习需求，促进他们的全面发展。

（二）培养学生创新能力的需求

在当今时代，创新能力已经成为人才竞争的核心要素。然而，传统教学方法往往注重知识的灌输和应试技巧的训练，忽视了对学生创新能力的培养。这种教学方式导致学生缺乏独立思考和解决问题的能力，无法适应快速变化的社会环境。因此，对传统教学方法进行改革与创新，需要注重培养学生的创新能力。通过引入创新思维训练、项目式学习等教学方法，激发学生的创新思维和创造力，培养他们的问题解决能力和实践能力。

（三）提升学生实践能力的需求

实践是检验真理的唯一标准，也是提升学生综合素质的重要途径。然而，传统教学方法往往脱离实际，缺乏对学生实践能力的培养。这种教学方式导致学生缺乏实际操作经验和技能，无法将所学知识应用到实际生活中。因此，对传统教学方法进行改革与创新，需要注重提升学生的实践能力。通过增加实践教学环节、开展实验活动、组织社会

实践等方式，让学生亲身参与实践活动，培养他们的实践能力和创新精神。

（四）促进师生互动与合作的需求

传统教学方法往往以教师为中心，缺乏师生之间的有效互动与合作。这种教学方式导致课堂氛围沉闷，学生的学习兴趣和积极性受到抑制。因此，对传统教学方法进行改革与创新，需要促进师生之间的互动与合作。通过采用小组讨论、角色扮演、课堂互动等教学方式，激发学生的学习兴趣和参与度，培养他们的团队协作和沟通能力。同时，教师也应积极转变角色，成为学生学习的引导者和合作伙伴，与学生共同探索知识、解决问题。

（五）利用现代科技手段的需求

随着科技的快速发展，现代科技手段为教育改革与创新提供了无限可能。然而，传统教学方法往往忽视了现代科技手段的应用。因此，对传统教学方法进行改革与创新，需要充分利用现代科技手段。通过引入多媒体教学、在线教育、虚拟实验室等科技手段，丰富教学手段和资源，提升教学效果。同时，还可以利用大数据、人工智能等技术手段对学生的学习情况进行精准分析和评估，为个性化教学提供有力支持。

（六）培养学生综合素质的需求

传统教学方法往往过于注重知识的传授和应试技巧的训练，忽视了对学生综合素质的培养。然而，在现代社会中，学生的综合素质对于其未来发展具有至关重要的作用。因此，对传统教学方法进行改革与创新，需要注重培养学生的综合素质。这包括培养学生的道德品质、社会责任感、批判性思维、跨文化交流能力等方面。通过设计多元化的教学活动和课程，让学生在参与中锻炼和提升自己的综合素质。

综上所述，对传统教学方法进行改革与创新是当代教育的迫切需求。我们需要关注学生的个性化发展、创新能力的培养、实践能力的提升以及师生互动与合作的促进等方面，同时充分利用现代科技手段来推动教育教学的改革与创新。只有这样，我们才能培养出适应现代社会需求的高素质人才，为国家的未来发展贡献力量。

为了实现对传统教学方法的改革与创新，我们需要从多个层面进行努力。首先，教育部门应加大对教育教学改革的支持力度，制定相关政策措施，鼓励学校和教师积极探索新的教学方法和模式。其次，学校应加强对教师的培训和教育，提升他们的教育教学能力和创新意识。同时，学校还应加强与社会的联系与合作，引入外部资源和力量来推动教育教学改革。此外，教师也应积极转变教学理念和方法，关注学生的个体差异和发展需求，探索适合学生的教学方式和手段。

在改革与创新的过程中，我们还应注重实际效果和反馈机制的建设。通过对改革成果的评估和反馈，我们可以及时发现问题和不足，进一步完善和改进教学方法和策略。

同时，我们还应鼓励学生和家长积极参与教育教学改革的过程，听取他们的意见和建议，共同推动教育教学的进步和发展。

总之，对传统教学方法进行改革与创新是当代教育的必然趋势和迫切需求。我们需要从多个方面入手，关注学生的个性化发展、创新能力的培养、实践能力的提升以及师生互动与合作的促进等方面，同时充分利用现代科技手段来推动教育教学的改革与创新。只有这样，才能培养出更多具有创新精神和实践能力的高素质人才，为国家的未来发展奠定坚实的基础。

第二节 问题驱动的教学方法

一、问题导入与情境创设

随着教育理念的更新和教学方法的创新，问题导入与情境创设在教学过程中的重要性日益凸显。这两种教学方法不仅能够激发学生的学习兴趣，还能帮助他们深入理解知识，提升解决问题的能力。下面将从问题导入与情境创设的概念、意义及实施策略等方面进行详细阐述。

（一）问题导入的概念与意义

问题导入是一种以问题为核心，通过引导学生主动思考、探究和解决问题的教学方法。在教学开始时，教师根据教学目标和内容，精心设计一系列具有启发性和挑战性的问题，以此激发学生的学习兴趣和好奇心，引导他们进入学习状态。

问题导入的意义在于，它能够帮助学生建立对知识的主动探索意识，培养他们的思维能力和创新精神。通过问题的引导，学生能够更加深入地理解知识，形成自己的见解和判断。同时，问题导入还能够激发学生的学习热情，使他们在解决问题的过程中获得成就感和自信心。

（二）情境创设的概念与意义

情境创设是指在教学过程中，教师根据教学内容和目标，通过创造特定的环境和氛围，引导学生进入学习状态，以达到更好的教学效果。这种教学方法注重学生的情感体验和认知过程，旨在通过创设真实的或模拟的情境，帮助学生更好地理解和掌握知识。

情境创设的意义在于，它能够为学生提供更加生动、直观的学习体验，使他们在真实的或模拟的情境中感受知识的价值和意义。通过情境的创设，学生能够更加深入地理解知识，形成对知识的深刻记忆和理解。同时，情境创设还能够培养学生的实践能力和创新精神，使他们在面对实际问题时能够灵活运用所学知识。

（三）问题导入与情境创设的实施策略

1. 精心设计问题与情境

在实施问题导入与情境创设时，教师需要深入钻研教材，了解学生的学习需求和认知水平，精心设计具有启发性和挑战性的问题与情境。问题应具有层次性和递进性，能够引导学生逐步深入思考和探究；情境应具有真实性和生动性，能够激发学生的学习兴趣和好奇心。

2. 注重学生的主体地位

在问题导入与情境创设的过程中，教师应注重学生的主体地位，鼓励学生积极参与思考和探究。教师可以通过提问、讨论、合作等方式引导学生主动思考、表达和交流，培养他们的自主学习能力和合作精神。

3. 灵活运用多种教学手段

在实施问题导入与情境创设时，教师应根据教学内容和学生的特点灵活运用多种教学手段，如多媒体教学、实验教学、社会实践等。这些教学手段能够为学生提供更加丰富的学习资源和体验，使他们在多样化的学习方式中提升学习效果。

4. 及时反馈与评价

在问题导入与情境创设的过程中，教师应及时关注学生的学习表现和反馈，对学生的学习成果进行客观、全面的评价。通过评价，教师可以了解学生的学习情况和需求，及时调整教学策略和方法，提高教学效果。

（四）问题导入与情境创设的案例分析

以初中数学教学为例，教师可以通过问题导入和情境创设来教授"三角形全等的判定"这一知识点。首先，教师可以提出一个实际问题："如何证明2个三角形是全等的？"这个问题能够激发学生的学习兴趣和好奇心，引导他们进入学习状态。接着，教师可以利用多媒体教学设备展示2个全等的三角形，并引导学生观察、比较它们的边长和角度，从而发现全等三角形的判定条件。在这个过程中，教师还可以创设一些实验情境，让学生亲自动手操作、验证判定条件的正确性。通过这样的问题导入和情境创设，学生能够更加深入地理解三角形全等的判定方法，形成对知识的深刻记忆和理解。

（五）问题导入与情境创设的反思与展望

虽然问题导入与情境创设在教育教学中的应用取得了显著成效，但仍然存在一些问题和挑战。例如，如何设计更具针对性和实效性的问题与情境？如何更好地平衡学生的个体差异和学习需求？如何进一步提高问题导入与情境创设的教学效果？针对这些问题，教师需要不断反思和总结教学经验，探索更加有效的教学方法和策略。

展望未来，随着科技的进步和教育理念的更新，问题导入与情境创设的教学方法将会有更广阔的发展空间和应用前景。我们可以预见，未来的教育教学将更加注重学生的主体地位和实践能力的培养，问题导入与情境创设将成为重要的教学手段之一。同时，我们也需要关注新技术、新媒体在问题导入与情境创设中的应用，探索更加生动、直观的学习方式，为培养具有创新精神和实践能力的人才提供有力支持。

综上所述，问题导入与情境创设是教育教学中的重要方法和手段。通过精心设计问题与情境、注重学生的主体地位、灵活运用多种教学手段以及及时反馈与评价等方式，我们可以有效激发学生的学习兴趣和好奇心，提升他们的学习效果和综合能力。在未来的教育教学中，我们应继续探索和完善问题导入与情境创设的教学方法，为培养更多优秀人才做出积极贡献。

二、问题解决过程中的学生主体性发挥

在教育教学过程中，问题解决能力的培养是提升学生综合素质的关键一环。而学生主体性的发挥，则是问题解决过程中不可忽视的重要因素。下面将从学生主体性的概念出发，探讨在问题解决过程中如何有效发挥学生的主体性，以及这一过程中所面临的挑战与应对策略。

（一）学生主体性的内涵与价值

学生主体性是指学生在学习活动中所表现出的自主性、能动性和创造性。在问题解决过程中，学生主体性的发挥意味着学生能够主动参与问题的分析、提出解决方案，并在实践中不断优化和完善这些方案。这种主体性的发挥不仅有助于提升学生的问题解决能力，还能培养他们的创新思维和实践能力，为其未来的学习和生活奠定坚实基础。

（二）问题解决过程中学生主体性的发挥策略

1. 创设问题情境，激发学生兴趣

为了激发学生的主体性，教师需要创设具有挑战性和启发性的问题情境。这些问题应与学生的生活实际相联系，能够引发学生的好奇心和探究欲望。通过问题情境的创设，教师可以引导学生主动发现问题、提出问题，从而为后续的问题解决过程奠定基础。

2. 引导学生自主分析问题

在问题解决过程中，教师应鼓励学生自主分析问题，挖掘问题的本质和关键要素。教师可以通过提问、讨论等方式引导学生深入思考，帮助他们形成对问题的全面认识。同时，教师还应尊重学生的个性化差异，允许他们从不同的角度和层面分析问题，以培养他们的多元思维和批判性思维。

3. 提供资源与支持，促进学生自主解决问题

为了支持学生自主解决问题，教师应提供丰富的学习资源和必要的支持。这些资源

可以包括图书资料、网络资源、实验设备等，以帮助学生获取解决问题所需的信息和知识。同时，教师还应关注学生在解决问题过程中的困难和挑战，及时给予指导和帮助，确保他们能够顺利进行问题解决活动。

4. 鼓励学生合作与交流，共同解决问题

在问题解决过程中，合作与交流是发挥学生主体性的重要途径。教师可以通过组织小组讨论、合作学习等活动，鼓励学生之间的交流与合作。通过合作与交流，学生可以相互启发、相互补充，共同完善问题解决方案。同时，这种合作与交流还能培养学生的团队精神和沟通能力，为他们未来的社会生活做好准备。

（三）问题解决过程中学生主体性发挥面临的挑战与应对策略

1. 学生参与度不均的挑战

在问题解决过程中，有时会出现学生参与度不均的情况。一些积极的学生可能会占据主导地位，而一些内向或基础较差的学生则可能被动参与甚至被边缘化。为了应对这一挑战，教师应采取差异化教学策略，关注每个学生的需求和特点，鼓励他们积极参与问题解决过程。同时，教师还可以通过设置小组任务、角色分配等方式，确保每个学生都能在问题解决过程中发挥自己的作用。

2. 教师角色转变的挑战

在发挥学生主体性的问题解决过程中，教师需要从传统的知识传授者转变为学生的引导者和支持者。这一角色转变对教师提出了更高的要求。为了应对这一挑战，教师应不断更新教育理念和方法，提升自己的专业素养和教育能力。同时，教师还应保持开放的心态和谦虚的态度，与学生共同成长和进步。

综上所述，在问题解决过程中有效发挥学生的主体性对于提升学生的问题解决能力和综合素质具有重要意义。通过创设问题情境、引导学生自主分析问题、提供资源与支持以及鼓励学生合作与交流等策略，我们可以有效激发学生的主体性，促进他们在问题解决过程中的积极参与和主动探索。

然而，我们也应认识到在发挥学生主体性的过程中所面临的挑战。为了应对这些挑战，我们需要不断探索和实践新的教学方法和策略，同时加强教师的培训和指导，提升他们的教育能力和专业素养。

展望未来，随着教育改革的不断深入和科技的快速发展，我们有望看到更多创新的教学方法和策略被应用于问题解决过程中。这些新的方法和策略将进一步激发学生的学习兴趣和主体性，提升他们的问题解决能力和创新精神。同时，我们也期待看到更多的教育工作者和教育研究者关注学生的主体性发挥问题，共同为培养具有创新精神和实践能力的人才贡献力量。

三、问题驱动教学在创新创业实践中的应用

随着社会的快速发展和科技的日新月异，创新创业成为了推动社会进步和经济发展的重要动力。在高等教育中，培养学生的创新创业能力已经成为一项重要任务。问题驱动教学作为一种有效的教学方法，能够激发学生的学习兴趣，培养学生的问题意识和解决问题的能力，因此在创新创业实践中具有重要的应用价值。下面将探讨问题驱动教学在创新创业实践中的应用，以期为提高创新创业教育的效果提供有益的参考。

（一）问题驱动教学的概念与特点

问题驱动教学是一种以问题为核心，通过引导学生主动探究、解决问题的教学方法。它强调学生在教师的引导下，通过自主思考、合作学习和实践探索，发现和解决问题，从而达到知识的掌握和能力的提升。问题驱动教学具有以下几个特点：

（1）以问题为导向。问题驱动教学将问题作为教学的起点和核心，通过问题的提出和解决来驱动学生的学习过程。

（2）强调学生的主体性。问题驱动教学注重学生的主动参与和自主学习，鼓励学生通过合作、探究等方式解决问题。

（3）注重实践性和应用性。问题驱动教学强调知识的实践应用，通过解决实际问题来培养学生的实践能力和创新精神。

（二）问题驱动教学在创新创业实践中的应用策略

1. 设计具有挑战性的创新创业问题

在创新创业实践中，教师应结合行业发展和市场需求，设计具有挑战性和实际意义的创新创业问题。这些问题应能够激发学生的兴趣和好奇心，引导他们深入思考并探索解决方案。同时，问题的设计还应考虑学生的知识水平和能力差异，确保问题的难度适中，既能够激发学生的挑战性，又能够确保他们在解决问题的过程中有所收获。

2. 引导学生主动探究与合作学习

在问题驱动教学的创新创业实践中，教师应鼓励学生主动探究问题，通过查阅文献、实地调研等方式收集信息和分析问题。同时，教师应组织学生开展合作学习，通过小组讨论、角色扮演等方式促进学生之间的交流和合作。通过合作学习，学生可以相互启发、共同解决问题，从而培养团队精神和协作能力。

3. 提供实践机会与资源支持

为了将问题驱动教学更好地应用于创新创业实践，教师应积极为学生提供实践机会和资源支持。这包括与企业合作开展项目实践、参加创新创业竞赛、访问创新创业基地等。通过实践机会，学生可以亲身体验创新创业的过程，将所学知识应用于实际问题的

解决中。此外，教师还应为学生提供必要的资源支持，如实验设备、技术指导等，以确保学生能够顺利开展创新创业实践。

4. 培养学生的创新思维与创业精神

问题驱动教学的核心在于培养学生的创新思维和创业精神。在创新创业实践中，教师应注重培养学生的创新思维，鼓励他们敢于挑战传统观念和方法，勇于提出新的想法和解决方案。同时，教师还应关注学生的创业精神培养，通过分享创业案例、邀请创业者分享经验等方式激发学生的创业热情和信心。

（三）问题驱动教学在创新创业实践中的应用效果

问题驱动教学在创新创业实践中的应用能够带来显著的效果。首先，它能够有效激发学生的学习兴趣和主动性，使他们更加积极地参与到创新创业实践中来。其次，通过解决具有挑战性的创新创业问题，学生能够锻炼自己的问题解决能力和实践能力，提升自己的综合素质。此外，问题驱动教学还能够培养学生的团队精神和协作能力，为他们未来的创新创业活动奠定坚实的基础。

（四）问题驱动教学在创新创业实践中面临的挑战与对策

尽管问题驱动教学在创新创业实践中具有诸多优势，但也面临着一些挑战。首先，教师需要不断更新自身的知识和技能，以适应快速变化的创新创业环境。其次，学生可能存在知识储备不足或能力差异较大的问题，这要求教师在设计问题和引导学生时需充分考虑学生的实际情况。为了应对这些挑战，教师可以加强与企业、行业的合作与交流，引入更多实际案例和实践经验；同时，针对学生的不同需求和能力水平，采用差异化的教学策略和方法，确保每个学生都能在问题驱动教学中获得成长和进步。

问题驱动教学在创新创业实践中的应用具有重要意义。通过设计具有挑战性的创新创业问题、引导学生主动探究与合作学习、提供实践机会与资源支持以及培养学生的创新思维与创业精神等策略，可以有效提高学生的创新创业能力和综合素质。然而，问题驱动教学的应用仍面临一些挑战，需要教师和学生共同努力克服。未来，随着社会对创新创业人才的需求不断增加，问题驱动教学在创新创业实践中的应用将更加广泛和深入。我们期待看到更多创新的教学方法和策略被应用于创新创业教育中，为培养更多具有创新精神和实践能力的优秀人才做出贡献。

总结来说，问题驱动教学在创新创业实践中的应用是一种富有成效的教学方法。它不仅能够激发学生的学习兴趣和主动性，还能够培养学生的问题解决能力、实践能力和创新精神。通过不断探索和实践，我们可以进一步发挥问题驱动教学的优势，为创新创业教育的发展注入新的活力。

第三节 目标导向的教学方法

一、明确教学目标与学习任务

（一）概述

在教育教学过程中，明确教学目标与学习任务至关重要。教学目标是教学活动的核心，它指引着教师的教学方向，也为学生提供了学习的目标和动力。学习任务则是实现教学目标的具体步骤和行动，它帮助学生将学习目标转化为实际的学习行为。因此，明确教学目标与学习任务对于提高教学效果、促进学生的全面发展具有重要意义。

（二）教学目标的重要性及其明确方法

1. 教学目标的重要性

教学目标是教学活动的灵魂和核心，它指引着教师的教学行为，也影响着学生的学习效果。明确的教学目标有助于教师制定有针对性的教学计划，选择恰当的教学方法和手段，从而提高教学效果。同时，教学目标也是学生学习的重要导向，它帮助学生明确学习方向，激发学习动力，促进自我管理和自我发展。

2. 明确教学目标的方法

（1）分析课程标准和教材要求。教师应认真研读课程标准和教材，了解学科的基本理念、课程目标、内容标准等，把握教学的重点和难点。在此基础上，结合学生的实际情况，制定具体、明确的教学目标。

（2）关注学生的个体差异和发展需求。学生是教学的主体，教学目标的制定应充分考虑学生的个体差异和发展需求。教师应了解学生的学习基础、兴趣爱好、能力水平等，制定符合学生实际的教学目标，确保每个学生都能在原有基础上得到发展。

（3）体现三维目标的要求。教学目标应包括知识与技能、过程与方法、情感态度与价值观3个维度。教师应根据教学内容和学生实际，制定全面、均衡的教学目标，促进学生的全面发展。

（三）学习任务的设计原则与具体策略

1. 学习任务的设计原则

（1）针对性原则。学习任务应紧密围绕教学目标展开，确保每个任务都与教学目标相关联，有助于实现教学目标。

（2）层次性原则。学习任务的设计应体现层次性，从简单到复杂、从易到难，逐步引导学生深入学习和思考。

（3）实践性原则。学习任务应注重实践性，让学生在实际操作中掌握知识、提升能力，培养解决实际问题的能力。

2. 学习任务的具体策略

（1）设计具有挑战性和启发性的任务。教师应根据学生的实际情况和教学内容，设计具有挑战性和启发性的学习任务。这些任务应能够激发学生的学习兴趣，引导他们主动探究、积极思考，培养创新精神和实践能力。

（2）结合生活实际和热点问题设计任务。学习任务的设计应紧密结合生活实际和热点问题，使学生能够在解决实际问题的过程中学习和运用知识。这样的任务不仅能够提高学生的实践能力，还能够培养他们的社会责任感和使命感。

（3）引导学生合作学习与探究学习。教师应鼓励学生开展合作学习与探究学习，通过小组讨论、角色扮演、项目研究等方式完成学习任务。这样的学习方式能够培养学生的团队合作精神和探究能力，促进他们之间的交流和合作。

（四）教学目标与学习任务在实践教学中的应用与反思

1. 应用实践

在实际教学中，教师应根据教学目标和学习任务的要求，灵活选择教学方法和手段，确保教学的有效性和针对性。同时，教师还应关注学生的学习过程，及时给予指导和帮助，确保学生能够顺利完成学习任务并实现教学目标。

2. 反思与改进

在教学过程中，教师应不断反思教学目标与学习任务的设定是否合理、有效，是否真正促进了学生的学习和发展。对于存在的问题和不足，教师应及时进行调整和改进，确保教学目标与学习任务的针对性和实效性。

明确教学目标与学习任务对于提高教学效果、促进学生的全面发展具有重要意义。教师应认真研读课程标准和教材，关注学生的个体差异和发展需求，制定具体、明确的教学目标；同时，设计具有针对性、层次性和实践性的学习任务，引导学生主动探究、合作学习与探究学习。在未来的教学实践中，我们应继续探索和完善教学目标与学习任务的设定方法，以更好地促进学生的学习和发展。

总之，明确教学目标与学习任务是一项复杂而重要的工作。它需要我们深入理解教育教学理念，关注学生的实际需求和发展特点，不断探索和实践。只有这样，我们才能真正实现教学目标与学习任务的有效对接，为培养具有创新精神和实践能力的高素质人才奠定坚实基础。

二、目标导向下的教学策略与手段

（一）概述

在教学活动中，教学策略与手段的选择和运用对于实现教学目标具有至关重要的作用。目标导向下的教学策略与手段，指的是教师根据明确的教学目标，有针对性地选择和设计教学方法、手段和途径，以最大程度地实现教学效果的优化。下面将深入探讨目标导向下的教学策略与手段，以期为教学实践提供有益的参考。

（二）目标导向下的教学策略

1. 目标设定与分解

目标是教学策略的出发点和归宿，目标导向下的教学策略首先要有明确、具体的教学目标。教师应根据课程标准、教材要求以及学生的实际情况，设定具有可操作性和可测量性的教学目标。同时，教学目标应分解为不同层次、不同维度的子目标，以便有针对性地开展教学活动。

2. 因材施教

针对不同学生的个体差异和学习需求，教师应采取因材施教的教学策略。通过了解学生的知识基础、能力水平、兴趣爱好等方面的差异，教师可以为每个学生量身定制合适的教学计划和教学方法，确保每个学生都能在原有基础上得到发展。

3. 启发式教学

启发式教学是一种注重引导学生主动思考、发现问题和解决问题的教学策略。教师应通过创设问题情境、引导学生观察实验、开展讨论交流等方式，激发学生的好奇心和求知欲，培养他们的问题意识和解决问题的能力。

4. 合作学习

合作学习是一种强调学生之间互动与合作的教学策略。通过组织小组讨论、角色扮演、项目研究等活动，教师可以帮助学生学会倾听、表达、协商和合作，培养他们的团队精神和协作能力。

（三）目标导向下的教学手段

1. 多媒体教学

多媒体教学是一种利用现代信息技术手段辅助教学的方法。通过利用多媒体课件、网络资源等教学资源，教师可以丰富教学内容、增强教学表现力，提高学生的学习兴趣和积极性。同时，多媒体教学还可以实现远程教学和在线学习，为学生提供更加灵活多样的学习方式。

2. 实验教学

实验教学是一种通过实验操作和观察来获取知识的教学方法。通过实验教学，学生可以亲身体验科学知识的形成过程，加深对理论知识的理解和掌握。同时，实验教学还可以培养学生的实践能力和创新精神，提高他们的综合素质。

3. 情境教学

情境教学是一种通过创设真实或模拟的情境来引导学生学习和理解知识的教学方法。通过情境教学，教师可以将抽象的知识具体化、生动化，帮助学生更好地理解和掌握知识。同时，情境教学还可以培养学生的情感态度和价值观，促进他们的全面发展。

4. 评价与反馈

评价与反馈是目标导向下的重要教学手段。通过对学生学习过程的观察和评价，教师可以了解学生的学习情况和问题所在，及时给予指导和帮助。同时，通过反馈机制，教师可以让学生了解自己的学习成果和不足，激发他们的学习动力和自我管理能力。

（四）目标导向下的教学策略与手段的实践应用

1. 整合教学策略与手段

在实际教学中，教师应根据教学目标和学生特点，灵活整合各种教学策略和手段。例如，在启发式教学的基础上，可以利用多媒体教学手段来丰富教学内容和形式；在合作学习中，可以创设情境来引导学生深入探究和合作交流。

2. 注重实效性

教学策略与手段的选择和运用应以提高教学效果为出发点和落脚点。教师应关注学生的学习成果和反馈，及时调整教学策略和手段，确保教学的针对性和实效性。

3. 不断创新与优化

随着教育理念和技术的不断更新，教学策略与手段也应不断创新和优化。教师应保持开放的心态和学习的态度，积极探索和实践新的教学策略和手段，以适应时代发展的需求和挑战。

目标导向下的教学策略与手段是实现教学效果优化的重要途径。通过明确教学目标、因材施教、启发式教学和合作学习等教学策略的运用，以及多媒体教学、实验教学、情境教学和评价与反馈等教学手段的选择与整合，教师可以更加有效地实现教学目标，促进学生的全面发展。

然而，教学实践是复杂多变的，教学策略与手段的选择和运用也需要根据具体情况进行灵活调整。未来，我们应继续深入研究和探索目标导向下的教学策略与手段，以适应不同学生群体的需求和特点，提高教学的针对性和实效性。同时，我们还应关注教育技术的发展趋势，将新的技术手段和教学方法融入教学实践中，为培养具有创新精神和实践能力的高素质人才贡献力量。

三、目标达成度的评价与反馈

（一）概述

在教学活动中，对目标达成度进行评价与反馈是确保教学目标得以实现的重要环节。评价与反馈不仅有助于教师了解学生的学习情况和问题所在，进而调整教学策略和手段，还能激发学生的学习动力，促进其自我管理和自我发展。下面将对目标达成度的评价与反馈进行深入探讨，以期为教学实践提供有益的参考。

（二）目标达成度评价的意义与原则

1. 目标达成度评价的意义

目标达成度评价是教学活动中的重要环节，它有助于教师了解学生对教学目标的掌握情况，发现教学中的问题和不足，从而有针对性地改进教学方法和手段。同时，目标达成度评价还能帮助学生认识自己的学习状况，明确自己的优势和不足，激发他们的学习动力和自我管理能力。

2. 目标达成度评价的原则

（1）客观性原则。目标达成度评价应客观公正，避免主观臆断和偏见。教师应根据教学目标和评价标准，对学生的学习成果进行实事求是的评价。

（2）全面性原则。目标达成度评价应全面考虑学生的知识、技能、情感态度等方面的发展，不仅关注学生的学习成果，还要关注学生的学习过程和方法。

（3）发展性原则。目标达成度评价应关注学生的发展潜力和进步情况，鼓励学生在原有基础上不断进步和提高。

（三）目标达成度评价的方法与策略

1. 目标达成度评价的方法

（1）观察法。通过观察学生在课堂上的表现、实验操作、作业完成情况等，教师可以了解学生的学习情况和目标达成度。

（2）测试法。通过编制试卷、组织考试等方式，教师可以对学生的知识掌握情况进行量化评价。

（3）作品展示法。通过学生提交的作品、报告、项目等，教师可以评价学生的创新能力、实践能力等综合素质。

2. 目标达成度评价的策略

（1）制定明确的评价标准。教师应根据教学目标和学生实际，制定具体、明确的评价标准，以便对学生的学习成果进行有针对性的评价。

（2）采用多种评价方式相结合。教师应综合运用观察、测试、作品展示等多种评价方式，全面、客观地评价学生的学习成果和目标达成度。

（3）鼓励学生自我评价和相互评价。教师应引导学生学会自我评价和相互评价，培养他们的自我反思和合作学习能力。

（四）目标达成度反馈的方式与作用

1. 目标达成度反馈的方式

（1）口头反馈。教师可以通过课堂讲解、个别辅导等方式，对学生的学习情况和目标达成度进行口头反馈。

（2）书面反馈。教师可以通过批改作业、试卷等方式，对学生的学习成果进行书面反馈，指出存在的问题和不足，提出改进建议。

（3）网络反馈。教师还可以利用网络平台，如教学管理系统、在线学习平台等，对学生的学习情况进行及时反馈和交流。

2. 目标达成度反馈的作用

（1）激发学生的学习动力。通过目标达成度的反馈，学生可以了解自己的学习成果和不足，进而调整学习策略和方法，激发学习动力。

（2）促进学生的自我管理和自我发展。目标达成度的反馈有助于学生认识自己的优势和不足，培养他们的自我反思和自我管理能力，促进其全面发展。

（3）为教师调整教学策略提供依据。目标达成度的反馈有助于教师了解学生的学习情况和问题所在，为教师调整教学策略和手段提供依据，提高教学效果。

（五）目标达成度评价与反馈的实践应用与反思

1. 实践应用

在实际教学中，教师应根据教学目标和学生特点，选择合适的目标达成度评价方法和策略，及时给予学生反馈和指导。同时，教师还应注重评价与反馈的连贯性和一致性，确保评价结果的准确性和可靠性。

2. 反思与改进

在目标达成度评价与反馈的实践过程中，教师应不断反思自己的评价方法和反馈方式是否得当、有效，是否真正促进了学生的学习和发展。对于存在的问题和不足，教师应及时进行调整和改进，不断完善目标达成度评价与反馈机制。

目标达成度的评价与反馈是教学活动中不可或缺的环节。通过明确评价原则、选择合适的方法和策略、采用多样的反馈方式，教师可以有效地评价学生的学习成果和目标达成度，激发学生的学习动力和自我管理能力。同时，评价与反馈也为教师调整教学策略和手段提供了重要依据。

然而，目标达成度的评价与反馈并非一蹴而就的过程，它需要教师不断反思、调整和改进。未来，我们应继续深入研究目标达成度评价与反馈的理论和实践，探索更加科学、有效的评价方法和反馈方式，以适应不同学生群体的需求和特点。同时，我们还应关注学生的全面发展和个体差异，为他们提供更加个性化、精准化的评价与反馈服务。

第四节　小组合作与团队协作的教学模式

一、小组组建与角色分配

（一）概述

在各类团队活动、项目合作或学习研讨中，小组组建与角色分配是确保团队高效运作和目标顺利实现的关键环节。一个合理的小组建构和明确的角色分工不仅能够提高团队成员的参与度和归属感，还能促进团队成员之间的协作与沟通，从而实现团队的整体效能最大化。下面将详细探讨小组组建的原则、方法以及角色分配的策略和技巧，以期为实际操作提供有益的参考。

（二）小组组建的原则与方法

1. 小组组建的原则

（1）目标导向原则。小组组建应紧紧围绕团队目标进行，确保每个成员都能为团队目标的实现贡献力量。

（2）互补性原则。在组建小组时，应考虑成员之间的技能、知识和经验互补性，以便更好地应对各种挑战和问题。

（3）自愿性原则。尊重成员的意愿和选择，鼓励他们根据自己的兴趣和能力参与不同的小组。

2. 小组组建的方法

（1）随机分配法。通过随机抽取或抽签的方式将成员分配到不同的小组，这种方法简单快捷，但可能忽略成员间的互补性。

（2）自愿组队法。允许成员根据自己的意愿和兴趣自由组队，这种方法能够激发成员的积极性和参与度，但可能导致部分小组实力不均。

（3）指定分配法。由指导教师或团队负责人根据成员的特点和团队需求进行指定分配，这种方法能够确保小组的均衡性和互补性，但可能忽略成员的意愿。

（三）角色分配的策略与技巧

1. 角色分配的策略

（1）明确角色职责。为每个角色设定明确的职责和任务，确保成员清楚自己的职责范围和工作要求。

（2）灵活调整角色。根据团队目标和任务的变化，灵活调整角色的分配和职责，以适应团队发展的需要。

（3）培养多重角色能力。鼓励成员培养多重角色能力，以便在必要时能够胜任多个角色的工作。

2. 角色分配的技巧

（1）了解成员特点。在角色分配前，充分了解每个成员的技能、兴趣和性格特点，以便为其分配合适的角色。

（2）充分发挥优势。根据成员的优势和特长进行角色分配，使其能够充分发挥自己的潜力，为团队创造更大的价值。

（3）平衡角色分布。在角色分配时，注意平衡各种角色的数量和分布，避免出现某些角色过于集中或缺失的情况。

（四）小组组建与角色分配的实践应用与案例分析

1. 实践应用

在实际操作中，小组组建与角色分配应根据具体情况灵活运用各种策略和技巧。例如，在一个学习小组中，可以根据成员的学习成绩和学科特长进行分组，确保每个小组都有一定水平的成员，同时根据课程需求和任务特点为每个成员分配不同的角色，如组长、记录员、发言人等。

2. 案例分析

以某企业项目团队为例，该团队在组建时充分考虑了成员的技能和经验互补性，同时根据项目的不同阶段和任务需求进行了角色分配。在项目初期，团队负责人担任项目经理角色，负责整体规划和协调；技术专家担任技术负责人角色，负责技术方案的制订和实施；市场人员担任市场调研员角色，负责市场需求的分析和调研。随着项目的推进，团队还根据实际需要进行了角色的调整和补充，确保了项目的顺利进行。

（五）小组组建与角色分配的挑战与应对策略

1. 挑战

成员意愿与团队需求之间的冲突。在小组组建和角色分配过程中，有时会出现成员的个人意愿与团队需求不一致的情况，这可能导致团队内部的矛盾和冲突。

角色定位不清或重叠。在角色分配时，如果职责不明确或存在重叠，可能导致工作重复或遗漏，影响团队的效率和协作。

2. 应对策略

（1）充分沟通与协商。在小组组建和角色分配过程中，加强与成员的沟通与协商，尊重他们的意愿和选择，同时引导他们理解并接受团队的需求和安排。

（2）明确职责与边界。为每个角色设定明确的职责和边界，避免出现工作重叠或遗漏的情况。同时，建立有效的沟通机制，确保团队成员之间的信息畅通和协作顺畅。

小组组建与角色分配是团队运作中不可或缺的重要环节。通过合理的组建原则和方法以及有效的角色分配策略和技巧，我们可以构建出高效、协作、富有创造力的团队。然而，在实际操作中，我们还需要不断总结经验教训，针对出现的问题和挑战制定相应的应对策略。未来，随着团队形式的多样化和任务需求的复杂化，小组组建与角色分配的策略和方法也将不断创新和完善。因此，我们应持续关注这一领域的研究与实践，不断提升团队建设和管理的水平。

总之，小组组建与角色分配是团队成功的基础和保障。只有在构建出合理的团队结构和明确的角色分工的基础上，我们才能充分发挥团队成员的潜力和优势，实现团队的整体效能最大化。

二、团队协作能力的培养与提升

（一）概述

团队协作能力是当今组织和个人成功的关键因素之一。在高度竞争和快速变化的环境中，一个优秀的团队能够迅速响应挑战，高效协作，共同实现目标。因此，培养和提升团队协作能力显得尤为重要。下面将深入探讨团队协作能力的内涵，分析如何培养这种能力，并提出相应的提升策略。

（二）团队协作能力的内涵

团队协作能力是指团队成员在共同完成任务或实现目标的过程中，通过有效的沟通、协调、合作和信任等方式，形成共同的工作动力和工作成果的能力。这种能力不仅要求团队成员具备扎实的专业知识和技能，还需要他们具备良好的人际交往能力、解决问题的能力以及创新精神。

（三）团队协作能力的培养

1. 树立团队合作意识

培养团队协作能力的首要任务是树立团队合作意识。团队成员应该认识到，团队的成功依赖于每个成员的努力和贡献，而个人的成功也离不开团队的支持和协作。通过组织团队建设活动、分享团队成功案例和强调共同目标等方式，可以增强团队成员的归属感和荣誉感，激发他们的协作意愿。

2. 提升沟通技能

有效的沟通是团队协作的基础。团队成员需要掌握基本的沟通技巧，包括倾听、表达、反馈和协商等。通过培训和实践，团队成员可以学会如何准确理解他人的意图和需求，如何清晰地表达自己的观点和想法，以及如何有效地解决沟通中的冲突和问题。

3. 增强相互信任

信任是团队协作的基石。团队成员之间需要建立深厚的信任关系，以便在困难和挑战面前能够相互支持、共同应对。这要求每个团队成员都要以诚信为本，遵守承诺，积极参与团队活动，为团队的成功贡献自己的力量。

（四）团队协作能力的提升策略

1. 制定明确的团队目标

明确的团队目标有助于团队成员形成共同的工作方向和动力。在制定目标时，应确保目标是具体、可衡量、可达成、相关性强和时限明确的。同时，团队领导者应定期与团队成员沟通目标进展和存在的问题，以便及时调整和优化团队工作策略。

2. 优化团队结构

合理的团队结构能够充分发挥每个成员的优势和特长，提高团队协作效率。团队领导者应根据团队成员的技能、经验和性格特点等因素，合理分配任务和资源，确保每个成员都能在团队中找到合适的位置并发挥最大的价值。

3. 引入竞争机制

适度的竞争可以激发团队成员的积极性和创造力，促进团队协作能力的提升。团队领导者可以通过设立奖励制度、开展团队竞赛等方式，鼓励团队成员积极参与团队活动，展示自己的才华和实力。同时，也要注意避免过度竞争导致的负面效应，如团队内部的矛盾和冲突。

4. 持续学习与反思

团队协作能力的提升是一个持续不断的过程。团队成员应时刻保持学习和反思的态度，不断总结经验教训，寻找改进和提升的空间。团队领导者可以定期组织团队讨论和分享会，让成员们交流心得和体会，共同推动团队协作能力的不断提升。

（五）团队协作能力培养与提升的意义

团队协作能力的培养与提升对组织和个人都具有重要的意义。对于组织而言，一个高效的团队能够迅速响应市场变化，把握发展机遇，提升组织的竞争力和创新能力。对于个人而言，团队协作能力的提升有助于个人在职场中更好地融入团队，发挥个人优势，实现个人价值和职业发展。

团队协作能力的培养与提升是一个长期而复杂的过程，需要团队成员和领导者的共同努力和投入。通过树立团队合作意识、提升沟通技能、增强相互信任以及制定明确的团队目标、优化团队结构、引入竞争机制和持续学习与反思等措施，我们可以不断提升团队的协作能力和整体绩效。

展望未来，随着科技的进步和组织的变革，团队协作将面临更多的挑战和机遇。因此，我们需要不断探索和创新团队协作的培养和提升方法，以适应和应对未来的变化和发展。同时，我们也应关注团队协作与个人发展的关系，为团队成员提供更多的成长机会和发展空间，实现团队和个人的共赢。

综上所述，团队协作能力的培养与提升是组织和个人成功的关键因素之一。通过实施有效的培养方法和提升策略，我们可以打造高效、协作、富有创造力的团队，共同应对挑战，实现共同目标。

第五节　全人培养的创新创业教育方法

一、全人教育理念在创新创业教育中的应用

（一）概述

随着社会的快速发展和科技的日新月异，创新创业已成为推动社会进步的重要动力。在这一背景下，如何将全人教育理念有效地融入创新创业教育中，培养具备综合素质和创新精神的创业人才，已成为教育领域亟待解决的问题。下面将探讨全人教育理念的内涵及其在创新创业教育中的应用，以期为创新创业教育的发展提供有益的参考。

（二）全人教育理念的内涵

全人教育理念强调人的全面发展，注重个体在知识、技能、情感、价值观等方面的整体提升。它倡导以人为本，尊重个体的差异性和多样性，关注个体的成长和发展过程。全人教育不仅注重知识的传授，更重视能力的培养和素质的提升，旨在培养具有创新精神、实践能力、社会责任感和国际视野的全面发展的人才。

（三）全人教育理念在创新创业教育中的应用

1. 树立全面发展的教育目标

在创新创业教育中，应树立全面发展的教育目标，注重培养学生的创新思维、创业精神和实践能力。同时，还应关注学生的情感和价值观的培养，帮助他们树立正确的世

界观、人生观和价值观。通过全面发展的教育目标，引导学生实现知识、技能、情感和价值观的协调发展。

2. 构建多元化的课程体系

为了将全人教育理念融入创新创业教育中，应构建多元化的课程体系。除了传统的创业教育课程外，还应增加跨学科课程、实践课程和创新课程等，以拓宽学生的知识面和视野。同时，应注重课程的实践性和创新性，通过案例分析、项目实践等方式，提高学生的实践能力和创新能力。

3. 强化实践教学环节

实践教学是创新创业教育中不可或缺的一环。通过实践教学，学生可以亲身体验创业过程，锻炼创业能力。在全人教育理念的指导下，应强化实践教学环节，为学生提供更多的实践机会和资源。例如，可以开展创业竞赛、创业实习等活动，让学生在实践中学习、成长。

4. 营造创新创业氛围

良好的创新创业氛围是激发学生创新创业热情的重要保障。学校可以通过举办创新创业讲座、创业沙龙等活动，营造浓厚的创新创业氛围。同时，还可以建立创新创业导师制度，为学生提供个性化的指导和帮助。在全校范围内形成鼓励创新、支持创业的良好风气，激发学生的创新创业潜能。

5. 注重学生个体差异与全面发展

全人教育理念强调关注每个学生的个体差异和全面发展。在创新创业教育中，应充分尊重学生的个性和兴趣，为他们提供多样化的教育资源和路径。同时，应注重培养学生的综合素质，包括批判性思维、沟通能力、团队协作能力等，使他们具备应对未来挑战的能力。

6. 加强国际交流与合作

在全球化的背景下，加强国际交流与合作对于培养具有国际视野的创新创业人才具有重要意义。学校可以通过与国外高校建立合作关系，开展学生交流、师资互访等活动，引入国际先进的创新创业教育理念和实践经验。同时，鼓励学生参与国际创业竞赛和项目合作，拓宽他们的国际视野和跨文化交际能力。

（四）实施全人教育理念的挑战与对策

在实施全人教育理念的过程中，创新创业教育面临着一些挑战，如师资力量不足、教学资源有限等。为了克服这些挑战，可以采取以下对策：加强师资队伍建设，提高教师的创新创业素养和实践能力；整合校内外资源，建立创新创业实践基地和合作平台；加强与政府、企业的合作，争取更多的政策支持和资金支持。

全人教育理念在创新创业教育中具有重要的应用价值。通过树立全面发展的教育目标、构建多元化的课程体系、强化实践教学环节、营造创新创业氛围以及注重学生个体差异与全面发展等措施，可以有效地将全人教育理念融入创新创业教育中。同时，加强国际交流与合作也是提升创新创业教育水平的重要途径。虽然实施过程中可能面临一些挑战，但通过采取相应对策，可以逐步克服这些困难，推动创新创业教育的深入发展。

展望未来，随着社会的不断进步和科技的不断创新，全人教育理念在创新创业教育中的应用将更加广泛和深入。我们期待通过不断的探索和实践，培养出更多具有创新精神和实践能力的创业人才，为社会的繁荣和发展做出更大的贡献。

二、创新创业教育与综合素质教育的融合

（一）概述

随着知识经济时代的到来，创新创业已成为推动社会发展的重要引擎。在这一背景下，培养具有创新创业精神和实践能力的高素质人才显得尤为重要。创新创业教育与综合素质教育作为现代教育体系中的两大重要组成部分，它们的融合对于培养全面发展的创新人才具有重要意义。下面将深入探讨创新创业教育与综合素质教育的融合，以期为教育改革和发展提供有益的参考。

（二）创新创业教育的内涵与价值

创新创业教育是以培养学生的创新精神、创业意识和创业能力为核心的教育活动。它强调学生的主体性、实践性和创造性，旨在通过课程设置、实践教学等方式，激发学生的创新潜能，培养学生的创业精神和团队协作能力。创新创业教育的价值在于为社会培养出能够应对复杂多变环境、具有创新精神和创业能力的人才，推动社会经济的持续发展。

（三）综合素质教育的理念与目标

综合素质教育是以全面提高学生的综合素质为核心的教育理念。它注重学生的知识、能力、情感、价值观等方面的协调发展，旨在培养具有社会责任感、创新精神和实践能力的高素质人才。综合素质教育的目标在于通过多样化的教育方式和手段，促进学生的全面发展，为社会培养出具备高度综合素质的人才。

（四）创新创业教育与综合素质教育的融合路径

1. 课程设置的融合

在课程设置上，创新创业教育与综合素质教育应相互渗透、相互补充。一方面，可以在综合素质教育课程中融入创新创业元素，如开设创新思维训练、创业案例分析等课程，培养学生的创新精神和创业意识。另一方面，在创新创业教育课程中注重提升学生

的综合素质，如加强团队协作、沟通技巧等方面的培养，使学生具备更好的创业能力和社会适应能力。

2. 实践教学的融合

实践教学是创新创业教育与综合素质教育融合的重要途径。通过组织创业实践、社会实践等活动，让学生在实践中体验创新创业的过程，锻炼创业能力，同时提升团队协作、沟通能力等综合素质。学校可以建立创新创业实践基地，为学生提供实践平台，促进创新创业教育与综合素质教育的深度融合。

3. 教师队伍的融合

教师队伍的融合是创新创业教育与综合素质教育融合的关键。学校应鼓励教师跨学科合作，共同开发创新创业教育与综合素质教育融合的课程和实践项目。同时，加强教师培训，提升教师的创新创业素养和综合素质教育能力，使教师能够更好地引导学生进行创新创业实践。

4. 评价体系的融合

评价体系的融合是创新创业教育与综合素质教育融合的重要保障。学校应建立科学的评价体系，将创新创业能力和综合素质纳入评价范围，注重过程评价和多元评价。通过评价体系的融合，引导学生全面发展，激发他们的创新创业热情，提高他们的综合素质水平。

（五）融合的意义与挑战

创新创业教育与综合素质教育的融合具有重要意义。它有助于培养学生的创新精神和实践能力，提高他们的综合素质和社会适应能力。同时，也有助于推动教育改革和发展，培养更多符合社会需求的高素质人才。然而，在融合过程中也面临着一些挑战，如教育理念的更新、课程体系的重构、教师队伍的建设等。因此，学校需要不断探索和实践，逐步推进创新创业教育与综合素质教育的深度融合。

创新创业教育与综合素质教育的融合是现代教育发展的必然趋势。通过课程设置、实践教学、教师队伍和评价体系的融合路径，可以有效地推动两者的深度融合，培养出更多具有创新精神和实践能力的高素质人才。未来，我们还需要继续探索和实践，不断完善融合机制和方法，为培养全面发展的创新人才做出更大的贡献。

总之，创新创业教育与综合素质教育的融合是一项长期而艰巨的任务。我们需要以开放的心态和创新的精神去面对挑战和机遇，共同推动教育的改革和发展，为社会的进步和繁荣做出积极的贡献。

三、全人培养视角下的创新创业课程设计与实施

（一）概述

在全球化、信息化的时代背景下，创新创业能力已成为个体和社会发展的核心竞争力。全人培养理念强调人的全面发展，注重个体在知识、技能、情感、价值观等方面的整体提升。将全人培养理念融入创新创业课程设计与实施中，对于培养具备创新创业精神和实践能力的全面发展人才具有重要意义。下面将从全人培养视角出发，探讨创新创业课程的设计与实施策略。

（二）全人培养理念与创新创业教育的契合点

全人培养理念强调人的全面发展，注重培养学生的综合素质和创新能力。而创新创业教育旨在培养学生的创业意识、创业精神和创业能力，使其具备独立创业或参与创新团队的能力。二者在培养目标上具有高度的契合性，都强调学生的主体性、实践性和创新性。因此，将全人培养理念融入创新创业课程设计与实施中，有助于实现教育目标的全面性和整体性。

（三）创新创业课程设计原则

1. 跨学科融合原则

创新创业课程应打破学科壁垒，实现跨学科融合。通过整合不同学科的知识和方法，培养学生的创新思维和解决问题的能力。例如，可以将商科、工科、艺术等不同领域的知识融入课程中，让学生在实践中体验创新创业的多元性。

2. 理论与实践相结合原则

创新创业课程应注重理论与实践的结合。通过案例分析、项目实践等方式，让学生在理论学习的基础上，积累实践经验，提升创业能力。同时，鼓励学生参与创新创业实践项目，将所学知识应用于实际情境中。

3. 个性化培养原则

创新创业课程应关注学生的个体差异和兴趣特长，实施个性化培养。通过提供多样化的课程内容和教学方式，满足不同学生的需求，激发他们的学习热情和创新创业潜能。

（四）创新创业课程实施策略

1. 构建多元化的课程体系

根据全人培养理念和创新创业教育的需求，构建多元化的课程体系。包括基础课程、专业课程和实践课程等，形成层次递进、相互衔接的课程结构。同时，注重课程的开放性和创新性，引入前沿知识和技术，保持课程的活力和时效性。

2. 采用灵活多样的教学方法

创新创业课程应采用灵活多样的教学方法，如案例教学、小组讨论、角色扮演等，以激发学生的学习兴趣和积极性。同时，利用现代信息技术手段，如在线课程、虚拟实验室等，拓展教学空间和时间，提高教学效果。

3. 加强师资队伍建设

创新创业课程的实施需要一支具备创新创业素养和实践经验的师资队伍。因此，应加强师资队伍建设，通过培训、引进等方式，提升教师的创新创业能力和教学水平。同时，鼓励教师参与创新创业实践项目，积累实践经验，丰富教学内容。

4. 建立完善的评价体系

创新创业课程的评价应注重过程评价和多元评价。通过观察、记录学生在课程学习过程中的表现，了解他们的学习进展和创新创业能力的发展情况。同时，采用多种评价方式，如自我评价、同伴评价、教师评价等，全面评估学生的学习成果和创新创业能力。

（五）创新创业课程实施中的挑战与对策

挑战：课程资源的整合与优化。

对策：加强校企合作，引入社会资源，共同开发创新创业课程。同时，利用信息技术手段，整合优质在线课程资源，为学生提供丰富的学习资源。

挑战：学生创新创业意识的激发与培养。

对策：通过举办创新创业讲座、创业沙龙等活动，营造浓厚的创新创业氛围。同时，将创新创业元素融入日常教学中，激发学生的创新创业热情。

挑战：教师创新创业能力的提升。

对策：加强教师培训，提升教师的创新创业素养和实践能力。同时，鼓励教师参与创新创业实践项目，积累实践经验，提高教学水平。

全人培养视角下的创新创业课程设计与实施是一个系统工程，需要我们从多个方面进行思考和探索。通过构建多元化的课程体系、采用灵活多样的教学方法、加强师资队伍建设以及建立完善的评价体系等措施，我们可以有效地推进创新创业课程的实施，培养出更多具备创新创业精神和实践能力的全面发展人才。

展望未来，随着社会的不断进步和科技的不断创新，创新创业教育的需求将更加迫切。我们将继续深化对全人培养理念和创新创业教育的理解与研究，不断完善创新创业课程设计与实施策略，为培养更多优秀的创新创业人才做出更大的贡献。

第六节　实践指导的创新创业教学法

一、实践指导的基本原则与方法

（一）概述

实践是检验真理的唯一标准，也是培养学生实际操作能力和创新精神的重要途径。在实践指导过程中，需要遵循一定的基本原则和采用恰当的方法，以确保实践活动的顺利进行和取得预期的效果。下面将探讨实践指导的基本原则与方法，以期为教育工作者提供有益的参考。

（二）实践指导的基本原则

1. 学生主体性原则

在实践指导中，应始终坚持学生的主体地位，充分发挥学生的主观能动性和创造性。教师应作为引导者、支持者和合作者，帮助学生发现问题、分析问题、解决问题，并鼓励学生在实践中不断探索和创新。

2. 实践性与理论性相结合原则

实践指导应将实践性与理论性紧密结合，使学生在实践活动中加深对理论知识的理解和应用。同时，通过实践活动，学生可以检验和修正理论知识，形成更加完整而深刻的认识。

3. 系统性与循序渐进原则

实践指导应具有系统性，按照学生的认知规律和学科特点，合理安排实践活动的顺序和内容。同时，应遵循循序渐进的原则，逐步提高学生的实践能力和水平，避免急于求成或过于简单的实践活动。

4. 安全与规范原则

在实践指导中，应始终关注学生的安全，确保实践活动的安然无虞。同时，应遵循相关规范和标准，确保实践活动的合规性和有效性。

（三）实践指导的基本方法

1. 示范教学法

示范教学法是一种直观、形象的教学方法，通过教师的示范操作，学生可以直观地了解实践活动的步骤和方法。在示范过程中，教师应注重操作的规范性和准确性，并解释每一步骤的原理和注意事项，以便学生更好地掌握实践技能。

2. 案例分析法

案例分析法是通过分析具体案例来引导学生理解和实践相关知识的方法。教师可以选取具有代表性的案例，让学生进行分析和讨论，从而加深对理论知识的理解和应用。同时，案例分析还可以培养学生的分析问题和解决问题的能力。

3. 项目驱动法

项目驱动法是以实际项目为背景，让学生在完成项目的过程中学习和掌握相关知识的方法。通过项目驱动法，学生可以更加深入地了解实践活动的流程和要求，并锻炼团队协作和沟通能力。同时，项目驱动法还可以激发学生的学习兴趣和积极性，提高学习效果。

4. 反思与总结法

反思与总结法是在实践活动结束后，引导学生对实践过程进行反思和总结的方法。通过反思与总结，学生可以发现自己在实践活动中的不足和问题，并思考如何改进和提高。同时，反思与总结还可以帮助学生形成更加完整和深刻的认识，为今后的实践活动提供经验和借鉴。

（四）实践指导中的注意事项

1. 关注个体差异

在实践指导中，教师应关注学生的个体差异，针对不同学生的特点和需求，提供个性化的指导和帮助。同时，教师应鼓励学生之间的交流和合作，促进相互学习和共同进步。

2. 强化实践环节的考核与评价

为了确保实践活动的有效性和学生的参与度，应加强对实践环节的考核与评价。通过制定明确的考核标准和评价方式，可以激励学生积极参与实践活动，提高实践效果。同时，评价结果还可以作为教师调整教学方法和内容的依据，进一步提高实践指导的质量。

实践指导是培养学生实际操作能力和创新精神的重要环节。在实践指导过程中，应遵循学生主体性、实践性与理论性相结合、系统性与循序渐进、安全与规范等基本原则，并采用示范教学、案例分析、项目驱动、反思与总结等基本方法。同时，关注个体差异，强化实践环节的考核与评价也是实践指导中需要注意的问题。

展望未来，随着教育改革的不断深入和科技的不断发展，实践指导的方法和手段也将不断创新和完善。教育工作者应不断探索和实践新的实践指导方法，以适应时代的发展和学生的需求，为培养更多具有实际操作能力和创新精神的人才做出贡献。

二、创新创业实践活动的组织与实施

（一）概述

在当前经济全球化和科技快速发展的时代背景下，创新创业已成为推动社会进步和经济发展的重要动力。因此，组织与实施创新创业实践活动，培养学生的创新创业能力和精神，对于促进人才培养质量的提升和社会的进步具有重要意义。下面将详细探讨创新创业实践活动的组织与实施过程，以期为相关教育实践提供有益的参考。

（二）创新创业实践活动的组织

1. 明确活动目标

在组织创新创业实践活动之前，首先要明确活动的目标。这些目标可能包括提升学生的创新创业意识、培养学生的实践能力、促进学生间的交流与合作等。明确的目标有助于为整个活动提供明确的方向和指导。

2. 制订详细计划

制订详细的计划是组织创新创业实践活动的关键步骤。计划应包括活动的时间安排、地点选择、参与人员、活动内容、预算分配等方面。通过制订详细的计划，可以确保活动的顺利进行，并减少意外情况的发生。

3. 组建专业团队

组建一支专业的团队是确保创新创业实践活动成功的关键。这个团队应包括具有创新创业经验和丰富教学经验的教师，以及具有创新精神和实践能力的学生。团队成员之间应具有良好的沟通和协作能力，以确保活动的顺利进行。

4. 整合资源与支持

创新创业实践活动的成功离不开各种资源的支持。这包括场地、设备、资金、技术等方面的支持。同时，还需要争取学校、企业、政府等各方面的支持和合作，为活动提供有力的保障。

（三）创新创业实践活动的实施

1. 开展创新创业培训

在实践活动开始前，可以开展一系列创新创业培训，帮助学生了解创新创业的基本知识和技能，激发他们的创新创业热情。培训内容可以包括创新思维的培养、创业计划的撰写、市场分析的方法等。

2. 实施创新创业项目

创新创业实践活动的核心是实施创新创业项目。学生可以根据自己的兴趣和专长，选择或设计合适的创新创业项目，并在教师的指导下进行实施。项目实施过程中，学生应充分发挥自己的主动性和创造性，积极解决问题，不断完善和优化项目。

3. 加强实践指导与监督

在创新创业项目的实施过程中，教师应加强实践指导与监督，确保项目的顺利进行。教师可以定期与学生进行交流，了解项目的进展情况，及时解决学生在实施过程中遇到的问题。同时，教师还应根据学生的实际情况，提供有针对性的建议和指导，帮助学生更好地完成项目。

4. 组织成果展示与交流

在创新创业实践活动结束后，可以组织成果展示与交流活动。学生可以将自己的创新创业成果进行展示，分享项目实施的经验和收获。通过成果展示与交流，不仅可以锻炼学生的表达能力和沟通能力，还可以促进不同项目之间的交流与合作，推动创新创业成果的转化和应用。

（四）创新创业实践活动实施中的挑战与对策

挑战：资源有限与分配不均。

对策：加强资源整合与共享，提高资源利用效率。同时，建立公平、公正的资源分配机制，确保每位学生都能获得必要的支持。

挑战：学生参与度不高。

对策：通过丰富多样的活动形式和激励机制，提高学生的参与度和积极性。同时，加强与学生的沟通与引导，帮助他们认识到创新创业实践活动的重要性。

挑战：教师指导能力不足。

对策：加强教师的创新创业培训和实践经验积累，提升教师的指导能力。同时，引入具有丰富创新创业经验的外部导师，为学生提供更加专业的指导。

创新创业实践活动的组织与实施是一项复杂而重要的工作。通过明确活动目标、制订详细计划、组建专业团队、整合资源与支持等措施，可以确保活动的顺利进行并取得预期成果。同时，面对实施过程中可能出现的挑战，我们应积极寻求对策，不断完善和优化创新创业实践活动的组织与实施过程。

展望未来，随着科技的不断进步和社会的不断发展，创新创业实践活动将面临更多的机遇和挑战。我们应继续深化对创新创业教育的理解与研究，探索更加有效的组织与实施策略，为培养更多具有创新创业精神和能力的人才做出更大的贡献。

三、实践成果的评价与反馈

（一）概述

实践成果的评价与反馈是实践活动不可或缺的一环，它不仅能够检验实践活动的成效，还能为今后的实践活动提供宝贵的经验和改进方向。有效的评价与反馈机制能够激励参与者持续投入，提高实践活动的质量，促进实践成果的转化和应用。因此，下面将深入探讨实践成果评价的目的与原则、方法与流程，以及实践成果反馈的方式与内容，以期为实践活动的组织与实施提供有益的参考。

（二）实践成果评价的目的与原则

1. 评价目的

实践成果评价的主要目的在于检验实践活动的目标是否达成，评估实践成果的质量和水平，以及发现实践活动中存在的问题和不足。通过评价，可以了解实践活动的整体效果，为今后的实践活动提供改进的依据。

2. 评价原则

在进行实践成果评价时，应遵循以下原则。

（1）客观性原则。评价应基于客观事实和数据，避免主观臆断和偏见。

（2）全面性原则。评价应涵盖实践活动的各个方面和环节，确保评价的全面性和准确性。

（3）公正性原则。评价应公平对待所有参与者，避免因个人因素或偏见影响评价结果的公正性。

（4）及时反馈原则。评价结果应及时反馈给参与者，以便他们了解自己的表现和存在的问题，及时进行调整和改进。

（三）实践成果评价的方法与流程

1. 评价方法

实践成果评价可采用多种方法，包括定量评价和定性评价。定量评价主要基于数据和指标进行分析和比较，如完成率、达标率等；定性评价则侧重于对实践成果的描述和分析，如成果的创新性、实用性等。在实际评价中，可根据具体情况选择合适的评价方法或综合运用多种方法。

2. 评价流程

实践成果评价的一般流程包括确定评价目标、制定评价标准、收集评价信息、进行分析比较、形成评价结论等步骤。具体流程可根据实践活动的特点和要求进行适当调整。

（四）实践成果反馈的方式与内容

1. 反馈方式

实践成果反馈可采用多种方式，如口头反馈、书面反馈、会议反馈等。口头反馈具有及时性和互动性的优点，但可能不够系统和全面；书面反馈则更加正式和详细，便于记录和保存；会议反馈则能够集中讨论和交流，促进共识的形成。在选择反馈方式时，应综合考虑实践活动的特点和参与者的需求。

2. 反馈内容

实践成果反馈的内容应包括对实践成果的评价结果、存在的问题和不足、改进方向和建议等。评价结果应客观公正地反映实践活动的成效和水平；问题和不足应具体明确，便于参与者了解并改进；改进方向和建议应具有针对性和可操作性，能够指导参与者进行后续的实践活动。

（五）实践成果评价与反馈的意义与价值

1. 促进实践活动的持续改进

通过实践成果的评价与反馈，可以及时发现实践活动中存在的问题和不足，为今后的实践活动提供改进的依据和方向。同时，评价与反馈还能够激励参与者不断总结经验教训，提高实践活动的质量和水平。

2. 提升参与者的实践能力和创新精神

实践成果的评价与反馈有助于参与者了解自己的表现和存在的问题，从而有针对性地进行调整和改进。这种过程不仅能够提升参与者的实践能力，还能够激发他们的创新精神，推动他们在实践中不断探索和创新。

3. 推动实践成果的转化和应用

有效的评价与反馈机制能够促进实践成果的转化和应用。通过评价，可以发现实践成果中的优秀经验和创新点，为后续的实践活动提供借鉴和参考；通过反馈，可以将实践成果推广到其他领域或项目中，实现其更大的价值。

（六）实践成果评价与反馈的注意事项

1. 确保评价的客观性和公正性

在进行实践成果评价时，应尽可能排除主观因素的影响，确保评价的客观性和公正性。同时，还应避免评价过程中的偏见和歧视现象，确保所有参与者都能得到公平对待。

2. 注重反馈的及时性和有效性

反馈的及时性和有效性对于实践活动的改进和参与者的发展至关重要。因此，在进行实践成果反馈时，应及时将评价结果和建议传达给参与者，并确保他们能够理解和接受这些反馈内容。此外，还应关注反馈后的改进情况，及时跟进并提供必要的支持和帮助。

3. 建立持续改进的文化氛围

实践成果的评价与反馈是一个持续的过程，需要建立一种持续改进的文化氛围。通过不断总结经验教训、探索创新方法、完善评价与反馈机制等方式，可以推动实践活动的不断进步和发展。

实践成果的评价与反馈是实践活动不可或缺的一环，它对于促进实践活动的持续改进、提升参与者的实践能力和创新精神、推动实践成果的转化和应用具有重要意义。在未来的实践活动中，我们应更加重视评价与反馈工作，不断完善评价与反馈机制，提高评价与反馈的质量和效果。同时，还应加强与其他领域的交流与合作，借鉴和吸收先进的评价与反馈理念和方法，推动实践活动的不断创新和发展。

第五章　大学生创新创业教育资源整合

第一节　教育教学资源的多元化与整合

一、教育教学资源的分类与特点

（一）概述

教育教学资源作为教育教学活动的基础，对于提升教学质量、促进学生全面发展具有重要意义。随着信息技术的快速发展，教育教学资源的种类和形式也日益丰富。下面将对教育教学资源的分类与特点进行深入探讨，以期为教育实践提供有益的参考。

（二）教育教学资源的分类

教育教学资源可以根据不同的维度进行分类，以下是几种常见的分类方式。

1. 根据资源类型分类

（1）教材资源：包括教科书、教学辅导书、练习册等，是教学活动的基础资源，具有系统性和规范性。

（2）多媒体教学资源：包括课件、视频、音频、图片等，具有直观性、生动性和互动性，能够激发学生的学习兴趣。

（3）网络资源：包括在线课程、电子图书、数据库等，具有开放性、共享性和时效性，能够为学生提供丰富的学习资源。

（4）实物资源：包括实验器材、教学模型、图书资料等，具有真实性和可操作性，能够帮助学生深入理解知识。

2. 根据资源使用方式分类

（1）课堂教学资源：主要用于课堂教学活动，包括教材、教具、多媒体设备等。

（2）自主学习资源：主要用于学生自主学习，包括网络课程、学习软件、在线测试等。

（3）协作学习资源：主要用于学生之间的协作学习，包括学习社区、在线讨论区、协作工具等。

（三）教育教学资源的特点

1. 多样性

教育教学资源的多样性体现在其类型、形式和来源的丰富性。不同类型的资源具有不同的功能和用途，能够满足不同教学活动和学习需求。同时，随着信息技术的不断发展，教育教学资源的形式也越来越多样化，包括文字、图片、音频、视频等多种媒体形式。此外，教育教学资源的来源也呈现出多样化的特点，既可以是学校内部的教学设施和资源，也可以是社会上的各种教育机构和资源。

2. 共享性

教育教学资源的共享性是指资源可以被多个用户同时使用，不受时间和空间的限制。特别是网络资源的出现，使得教育教学资源的共享性得到了极大的提升。学生可以通过互联网随时随地访问各种在线课程、电子图书等资源，实现自主学习和协作学习。同时，教师也可以通过共享教学资源，促进教学经验的交流和教学方法的改进。

3. 互动性

教育教学资源的互动性是指资源可以与用户进行交互，提高用户的参与度和学习效果。例如，多媒体教学资源中的课件、视频等可以通过动画、音效等手段激发学生的学习兴趣；网络资源中的在线测试、讨论区等功能可以帮助学生进行自我评价和互动交流。这种互动性不仅有助于提高学生的学习积极性，还能够促进师生之间的有效沟通。

4. 时效性

教育教学资源的时效性是指资源的内容和信息需要保持更新和与时俱进。随着科学技术的不断进步和社会发展的不断变化，教育教学资源需要不断更新以适应新的教学需求和学习环境。例如，教材资源需要定期修订以反映最新的学科知识和教育理念；网络资源需要实时更新以提供最新的学习资料和动态信息。这种时效性有助于保证教育教学资源的准确性和有效性。

5. 针对性

教育教学资源的针对性是指资源应针对不同学生的需求和特点进行设计和开发。不同年龄段、不同学科背景、不同学习风格的学生对教学资源的需求各不相同。因此，教育教学资源需要具有针对性，能够满足不同学生的个性化学习需求。例如，针对不同学科可以设置专门的学科资源库；针对不同学习风格可以提供多样化的学习路径和资源选择。

教育教学资源的分类与特点对于教育实践具有重要意义。通过深入了解教育教学资源的类型和特点，教师可以更加有效地选择和利用资源，提高教学效果；学生可以更加便捷地获取和利用资源，促进自身学习和发展。未来，随着信息技术的进一步发展和教育改革的深入推进，教育教学资源的种类和形式将更加丰富多样，特点也将更加突出。因此，我们需要不断探索和创新，以更好地利用和开发教育教学资源，推动教育事业的发展。

综上所述，教育教学资源在教学实践中具有不可替代的作用。我们应充分利用其多样性、共享性、互动性、时效性和针对性等特点，为教育教学活动提供有力支持。同时，我们还应关注教育教学资源的发展趋势，不断更新和优化资源体系，以适应教育教学的需要，为培养新时代人才贡献力量。

二、多元化资源在创新创业教育中的价值

（一）概述

随着全球化和信息化的发展，创新创业教育已经成为高等教育体系中的重要组成部分。创新创业教育的目标是培养学生的创新思维、创业能力和实践能力，以适应快速变化的社会需求。在这个过程中，多元化资源发挥着至关重要的作用。下面将从多个角度探讨多元化资源在创新创业教育中的价值，以期为教育实践提供有益的参考。

（二）多元化资源的内涵与分类

多元化资源是指在创新创业教育中，来自不同领域、不同形式、不同功能的各类资源的总和。这些资源具有多样性、互补性和共享性等特点，能够为学生提供丰富的学习和实践机会。根据来源和性质的不同，多元化资源可以分为以下几类。

（1）教育资源：包括教材、课程、师资等，是创新创业教育的基础。

（2）实践资源：包括实验室、实习基地、创业园区等，为学生提供实践平台。

（3）社会资源：包括企业、行业、社会组织等，能够为学生提供实践机会和合作平台。

（4）信息资源：包括网络资源、数据库、行业报告等，有助于学生了解行业动态和前沿技术。

（三）多元化资源在创新创业教育中的价值体现

1. 促进学生全面发展

多元化资源在创新创业教育中，能够为学生提供多元化的学习和实践机会，有助于培养他们的创新思维、创业能力和实践能力。通过参与各类实践活动，学生能够深入了解行业需求和市场动态，增强对创新创业的认识和理解。同时，多元化资源还能够促进学生的全面发展，包括提高他们的团队协作能力、沟通能力和解决问题的能力等。

2. 拓展教育内容和形式

传统的创新创业教育往往局限于课堂教学和理论知识的灌输，而多元化资源的引入

则能够丰富教育内容和形式。通过整合各类资源，教师可以设计更具创新性和实践性的教学活动，如项目式学习、案例分析、模拟创业等。这些活动能够激发学生的学习兴趣和积极性，提高教学效果。此外，多元化资源还能够促进教育模式的创新，推动教育教学的改革和发展。

3. 提升教育质量和效果

多元化资源在创新创业教育中能够提升教育质量和效果。首先，这些资源能够提供丰富的学习材料和案例，使学生更深入地理解和掌握创新创业知识。其次，实践资源的引入能够帮助学生将理论知识应用于实际操作中，提高他们的实践能力和解决问题的能力。最后，社会资源和信息资源的利用能够帮助学生更好地了解市场需求和行业趋势，为他们的创新创业之路提供有力支持。

4. 增强学生的社会适应性和竞争力

通过接触和利用多元化资源，学生能够更好地了解社会需求和行业动态，增强他们的社会适应性。同时，多元化资源还能够提升学生的竞争力。在求职过程中，具备创新创业经验和技能的学生往往更具吸引力；在创业过程中，他们能够更好地应对市场变化和挑战，提高创业成功率。

（四）如何有效整合与利用多元化资源

1. 建立资源共享机制

学校应建立有效的资源共享机制，整合校内外各类资源，为创新创业教育提供有力支持。这包括加强与企业、行业、社会组织等的合作与交流，实现资源的互补和共享。

2. 加强师资培训

教师是创新创业教育的关键力量。学校应加强对教师的培训和教育，提高他们的创新创业素养和资源整合能力，使他们能够更好地利用多元化资源进行教学和指导。

3. 鼓励学生积极参与

学校应鼓励学生积极参与各类创新创业活动和实践项目，充分利用多元化资源进行学习和实践。同时，学校还应提供必要的支持和指导，帮助学生解决在参与过程中遇到的问题和困难。

多元化资源在创新创业教育中具有不可忽视的价值。它们不仅能够促进学生全面发展，拓展教育内容和形式，还能够提升教育质量和效果，增强学生的社会适应性和竞争力。因此，我们应充分重视并有效利用这些资源，为创新创业教育的发展提供有力支持。

展望未来，随着科技的不断进步和社会的不断发展，多元化资源将更加丰富多样。我们应不断探索和创新，寻找更多有效的资源整合和利用方式，以更好地推动创新创业教育的发展。同时，我们还应关注学生的学习需求和成长特点，为他们提供更加个性化、精准化的创新创业教育资源和服务。

综上所述，多元化资源在创新创业教育中发挥着举足轻重的作用。通过有效整合和利用这些资源，我们能够培养出更多具有创新精神和实践能力的优秀人才，为社会的发展和进步做出更大的贡献。

三、资源整合的策略与方法

（一）概述

在当今快速发展的社会中，资源整合已成为各行业提升竞争力、实现可持续发展的关键手段。资源整合指的是将不同来源、不同形式的资源进行有效组合和优化配置，以最大化资源的价值和使用效率。对于企业、组织乃至个人而言，掌握资源整合的策略与方法至关重要。下面将详细探讨资源整合的策略与方法，以期为读者提供有益的参考。

（二）资源整合的策略

1. 明确整合目标

在进行资源整合前，首先需要明确整合的目标。这包括确定整合的方向、范围以及期望达到的效果。只有明确了目标，才能有针对性地选择合适的资源和策略，确保整合工作的顺利进行。

2. 分析资源现状

对现有的资源进行全面分析，包括资源的种类、数量、质量以及分布情况等。这有助于了解资源的优势和不足，为后续的整合工作提供基础数据。

3. 制订整合计划

根据整合目标和资源现状，制订详细的整合计划。计划应包括整合的步骤、时间表、责任人以及所需的投入等。通过制订计划，可以确保整合工作的有序进行，提高整合效率。

4. 寻求合作伙伴

在资源整合过程中，积极寻求合作伙伴是实现资源共享和优势互补的有效途径。通过与合作伙伴建立合作关系，可以获取更多的资源支持，降低整合成本，提高整合效果。

5. 创新整合模式

随着科技的进步和社会的发展，资源整合的模式也在不断创新。应积极探索新的整合模式，如跨界整合、产业链整合等，以适应市场变化和需求升级。

（三）资源整合的方法

1. 内部整合

内部整合是指对企业或组织内部的资源进行优化配置和组合。这包括人力资源、物力资源、财力资源等方面的整合。通过内部整合，可以提高资源的利用效率，降低运营成本，提升整体竞争力。

在进行内部整合时，可以采用以下方法。

（1）优化流程。对工作流程进行梳理和优化，减少不必要的环节和浪费，提高工作效率。

（2）建立共享机制。推动部门之间的资源共享，避免资源的重复投入和浪费。

（3）加强培训和教育。提升员工的技能和素质，使他们能够更好地利用资源，发挥资源的最大价值。

2. 外部整合

外部整合则是通过与其他企业或组织进行合作，获取外部资源并与之进行有效整合。外部整合有助于拓展资源渠道，获取更多的资源和支持，实现资源的互补和共赢。

在外部整合中，可以采用以下方法。

（1）建立战略联盟。与其他企业或组织建立长期稳定的合作关系，共同开发市场、共享资源。

（2）参与行业组织。加入行业协会或组织，参与行业交流和合作，获取行业内的最新信息和资源。

（3）开展产学研合作。与高校、科研机构等开展合作，引入先进的技术和人才，提升资源整合的水平和能力。

3. 技术整合

技术整合是运用现代信息技术手段对资源进行整合和管理。通过信息化手段，可以实现对资源的实时监控、数据分析和智能决策，提高资源整合的效率和准确性。

在技术整合中，可以采用以下方法。

（1）建立信息化平台：构建统一的信息化平台，将各类资源信息进行整合和共享。

（2）应用大数据分析：通过大数据分析技术对资源使用情况进行深入挖掘和分析，为决策提供有力支持。

（3）推广智能化应用：利用人工智能、物联网等先进技术，实现资源的智能化管理和优化配置。

（四）资源整合的注意事项

在进行资源整合时，需要注意以下几点。

（1）注重实效性和可持续性。资源整合应以提高资源的使用效率和价值为目标，同时要考虑资源的可持续利用和长期发展。

（2）尊重市场规律和法律法规。在整合过程中，应遵循市场规则，尊重各方利益，同时遵守相关法律法规，确保整合工作的合规性。

（3）加强风险管理和控制。资源整合涉及多个方面和环节，可能面临各种风险和挑战。因此，在整合过程中，应加强风险管理和控制，确保整合工作的顺利进行。

资源整合是一项复杂而重要的工作，需要综合考虑多个因素和方面。通过明确整合目标、分析资源现状、制订整合计划以及采用合适的整合方法，可以有效地实现资源的优化配置和最大化利用。同时，在整合过程中要注重实效性和可持续性，遵守市场规律和法律法规，加强风险管理和控制。

展望未来，随着科技的进步和社会的发展，资源整合的方法和手段将不断创新和完善。我们应积极探索新的整合模式和技术手段，以适应不断变化的市场需求和挑战。同时，还应加强人才培养和团队建设，提高资源整合的专业水平和能力，为企业和组织的可持续发展提供有力支持。

第二节　创新创业教育导师团队的建设

一、导师团队的组建与选拔

（一）概述

在高等教育、科研机构或企业中，导师团队的组建与选拔对于培养优秀人才、推动项目进展以及提升整体竞争力具有至关重要的作用。一个优秀的导师团队不仅能够提供高质量的教学和指导，还能够激发学生的创新潜能，促进团队内部的合作与交流。下面将探讨导师团队的组建原则、选拔标准以及具体的组建与选拔过程，旨在为相关机构和组织提供有益的参考。

（二）导师团队的组建原则

1. 目标导向原则

组建导师团队的首要原则是明确团队的目标和定位。根据机构或组织的发展需求，确定导师团队在人才培养、科研创新或项目管理等方面的具体目标，从而有针对性地选拔和组建团队成员。

2. 优势互补原则

在组建导师团队时，应注重团队成员之间的优势互补。选拔具有不同学科背景、研究方向和实践经验的导师，以便在团队内部形成多元化的知识和能力结构，提升团队的整体竞争力。

3. 合作共赢原则

导师团队应建立在合作共赢的基础上，鼓励团队成员之间的交流与协作。通过定期的学术讨论、项目合作和经验分享等活动，增进团队成员之间的了解和信任，形成良好的团队氛围。

（三）导师团队的选拔标准

1. 学术水平

学术水平是衡量导师团队成员是否优秀的重要标准。选拔具有高水平学术成果、深厚学科背景和丰富研究经验的导师，能够为学生提供高质量的学术指导，推动团队在科研领域的发展。

2. 教学能力

教学能力直接关系到导师团队在人才培养方面的成效。选拔具有丰富教学经验、善于启发学生思维的导师，能够提升学生的学习效果，培养学生的创新精神和实践能力。

3. 团队协作与沟通能力

导师团队成员应具备良好的团队协作和沟通能力，能够积极参与团队活动，与其他成员共同解决问题。同时，还应具备良好的人际交往能力，能够与学生建立良好的师生关系，促进学生的全面发展。

（四）导师团队的组建与选拔过程

1. 发布招聘信息

通过机构或组织的官方网站、招聘平台等渠道发布导师团队的招聘信息，明确招聘的岗位、职责、要求和待遇等信息，吸引符合条件的候选人积极参与选拔。

2. 简历筛选

根据选拔标准，对收到的简历进行筛选。重点关注候选人的学术背景、研究成果、教学经验和团队合作等方面的信息，初步筛选出符合要求的候选人。

3. 面试与试讲

对筛选出的候选人进行面试和试讲。面试主要考察候选人的综合素质、团队协作和沟通能力；试讲则主要考察候选人的教学能力和水平。通过面试和试讲，进一步了解候选人的能力和潜力，为最终选拔提供依据。

4. 确定团队成员

根据面试和试讲的结果，结合机构或组织的实际需求，确定导师团队的成员名单。在确定成员时，应充分考虑团队成员之间的互补性和协作性，确保团队的整体效能。

5. 签订合作协议

与选拔出的导师团队成员签订合作协议，明确双方的职责、权利和义务。协议中应包括团队成员的工作任务、待遇、考核和奖惩等方面的内容，确保团队成员能够按照协议要求履行职责。

（五）导师团队的后续管理与培训

1. 定期考核与评估

对导师团队成员进行定期考核与评估，了解其工作表现、成果产出和团队合作等方面的情况。根据考核结果，对团队成员进行奖励或调整，激发其工作积极性和创造力。

2. 提供培训与支持

为导师团队成员提供必要的培训和支持，包括学术研讨、教学方法改进、团队协作能力提升等方面的培训。通过培训和支持，提升团队成员的专业素养和综合能力，推动导师团队的持续发展。

导师团队的组建与选拔是一项复杂而重要的工作，需要遵循一定的原则和标准，进行科学的选拔和有效的管理。一个优秀导师团队不仅能够为学生提供优质的教学和指导，还能够推动机构或组织在科研和人才培养方面的进步。因此，相关机构和组织应高度重视导师团队的组建与选拔工作，不断完善选拔机制和管理制度，为团队的发展提供有力保障。

展望未来，随着科技的进步和社会的发展，导师团队的组建与选拔将面临新的挑战和机遇。我们应积极探索新的选拔方法和管理模式，以适应不断变化的市场需求和人才培养要求。同时，还应加强导师团队成员之间的交流与合作，形成更加紧密的团队关系，共同推动导师团队的发展和创新。

二、导师团队的培训与提升

（一）概述

在高等教育、科研机构或企业中，导师团队是承担人才培养、科研创新及项目指导的重要力量。一个优秀的导师团队不仅需要具备扎实的专业知识，还需要不断更新教育理念、提升教学方法，以适应快速变化的教育环境和社会需求。因此，对导师团队进行系统的培训和提升显得尤为重要。下面将深入探讨导师团队培训与提升的重要性、主要内容以及实施策略，旨在为相关机构和组织提供有益的参考。

（二）导师团队培训与提升的重要性

1. 适应教育环境变革

随着教育理念的更新和教学方法的改进，导师团队需要不断学习新的教育理论和技能，以适应教育环境的变革。通过培训，导师团队可以了解最新的教育理念和教学方法，提升教学效果和学生的学习体验。

2. 提升团队整体素质

导师团队的素质直接关系到人才培养的质量和科研创新的成果。通过培训，可以提升导师团队的专业素养、教学方法和团队协作能力，从而提高团队的整体素质和工作效能。

3. 激发学生创新潜能

优秀的导师团队能够激发学生的创新潜能，培养学生的创新精神和实践能力。通过培训，导师团队可以学习如何更好地引导和激发学生的创新思维，为学生提供更多的实践机会和挑战。

（三）导师团队培训与提升的主要内容

1. 教育理念与教学方法

导师团队应不断更新教育理念，学习并掌握先进的教学方法。培训内容包括但不限于以学生为中心的教学思想、探究式学习、翻转课堂等新型教学方法以及如何利用现代技术手段提升教学效果等。

2. 学科前沿与专业知识

导师团队需要关注学科前沿动态，更新专业知识结构。培训内容可以包括最新研究成果、学术发展趋势以及跨学科交叉融合等方面的知识，以便为学生提供更具前瞻性和实用性的指导。

3. 团队协作与沟通能力

导师团队成员之间需要保持良好的沟通和协作关系，共同推动团队的发展。培训内容可以包括团队建设、沟通技巧、冲突解决等方面的知识，以提升团队成员之间的合作效率和团队凝聚力。

（四）导师团队培训与提升的实施策略

1. 制订详细的培训计划

相关机构和组织应根据导师团队的实际需求和目标，制订详细的培训计划。计划应明确培训的目标、内容、时间、方式等，确保培训的针对性和有效性。

2. 采用多样化的培训方式

为了提高培训效果，可以采用多样化的培训方式，如线上课程、专题讲座、研讨会、实践操作等。同时，可以邀请具有丰富经验和成功案例的专家和学者进行授课和指导，为导师团队提供更为深入和实用的学习体验。

3. 建立有效的激励机制

为了激发导师团队参与培训的积极性，可以建立有效的激励机制。例如，可以为参加培训的导师提供一定的学分或奖励，将培训成果与职称评定、绩效考核等挂钩，从而鼓励导师团队不断提升自身能力和水平。

4. 搭建交流与分享平台

为了促进导师团队之间的交流与分享，可以搭建线上或线下的交流平台。通过定期举办学术沙龙、教学研讨会等活动，让导师团队有机会分享自己的教学经验和研究成果，相互学习、共同进步。

5. 持续跟踪与反馈

在培训过程中，应持续跟踪导师团队的学习进度和效果，及时收集反馈意见。根据反馈结果，对培训计划进行调整和优化，确保培训工作的持续改进和提升。

（五）导师团队培训与提升的长远规划

1. 建立长效机制

为了确保导师团队培训与提升工作的持续开展，应建立长效机制。相关机构和组织应明确培训工作的责任部门和负责人，制订长期规划和年度计划，确保培训工作的稳定性和连续性。

2. 加强资源建设

为了提供高质量的培训资源，应加强资源建设。可以投入资金建设线上培训平台、购买优质课程资源等；同时，积极与高校、科研机构等合作，共享优质教育资源，为导师团队提供更多学习机会。

3. 鼓励自主学习与自我提升

除了组织集中的培训活动外，还应鼓励导师团队进行自主学习和自我提升。可以设立专项基金支持导师参加国内外学术会议、访学交流等活动，拓宽视野、增长见识；同时，引导导师团队关注学术前沿动态，不断更新知识结构和教育理念。

导师团队的培训与提升是一项长期而艰巨的任务，需要相关机构和组织的高度重视和持续投入。通过制订详细的培训计划、采用多样化的培训方式、建立有效的激励机制以及搭建交流与分享平台等措施，可以不断提升导师团队的专业素养和教学能力，为人才培养和科研创新提供有力支持。展望未来，随着教育环境的不断变革和社会需求的不断变化，导师团队的培训与提升工作将面临新的挑战和机遇。我们应不断探索新的培训模式和方法，加强与国际先进教育理念的对接与融合，推动导师团队培训与提升工作向更高水平迈进。

三、导师团队在创新创业教育中的作用发挥

（一）概述

随着知识经济时代的到来，创新创业已成为推动社会进步和经济发展的重要动力。高等教育作为培养创新型人才的主要阵地，肩负着培养具有创新精神、创业意识和创业能力的人才的重要使命。在这一背景下，导师团队在创新创业教育中发挥着至关重要的作用。下面将从导师团队在创新创业教育理念传播、实践指导、资源整合以及团队建设等方面的作用进行深入探讨，以期为提升创新创业教育的质量和效果提供有益的参考。

（二）导师团队在创新创业教育理念传播中的作用

1. 引领创新创业文化

导师团队作为高校创新创业教育的中坚力量，首先应当成为创新创业文化的传播者和引领者。他们通过自身的学术造诣和实践经验，向学生传递创新创业的理念和价值，激发学生对创新创业的热情和兴趣。同时，导师团队还应积极参与学校创新创业文化的建设，推动形成浓厚的创新创业氛围。

2. 传播创新创业知识

导师团队在创新创业教育中扮演着知识传授者的角色。他们通过开设创新创业课程、举办讲座和研讨会等方式，向学生传授创新创业的基本理论、方法和技能。此外，导师团队还可以结合自身的实践经验，分享成功的创业案例和失败的经验教训，帮助学生更好地理解创新创业的实质和内涵。

（三）导师团队在创新创业实践指导中的作用

1. 提供个性化指导

导师团队在创新创业实践中能够为学生提供个性化的指导。他们根据学生的兴趣、特长和创业计划，提供针对性的建议和指导，帮助学生明确创业方向、制订创业计划、解决创业过程中遇到的问题。这种个性化的指导有助于提升学生的创业成功率，同时也能够培养学生的独立思考和解决问题的能力。

2. 指导项目实践与落地

导师团队通常具有丰富的实践经验和资源积累，能够为学生提供实践项目的指导和支持。他们可以帮助学生选择合适的创业项目，提供市场调研、产品设计、资金筹集等方面的指导，并协助学生将创业项目落地实施。通过与企业的合作和对接，导师团队还可以为学生争取实践机会和创业资源，助力学生实现创业梦想。

（四）导师团队在创新创业资源整合中的作用

1. 构建创新创业生态系统

导师团队能够积极整合校内外资源，构建创新创业生态系统。他们可以与政府、企业、投资机构等建立合作关系，为学生提供政策咨询、资金支持、市场推广等方面的帮助。同时，导师团队还可以搭建创新创业平台，促进不同学科、不同背景的学生之间的交流与合作，形成创新创业的合力。

2. 拓展创新创业资源网络

导师团队通常具有广泛的社交网络和人脉资源，能够为学生拓展创新创业的资源网络。他们可以通过参加各类创新创业活动、与行业领袖交流等方式，获取最新的创新创业信息和资源，并将其分享给学生。这种资源网络的拓展有助于提升学生的创业视野和机会，增加学生成功创业的可能性。

（五）导师团队在创新创业团队建设中的作用

1. 组建高效团队

在创新创业过程中，团队的组建至关重要。导师团队可以帮助学生识别和选择合适的团队成员，构建具有互补性和协同性的创新创业团队。他们还可以指导团队成员明确各自的角色和职责，提升团队的协作效率和创新能力。

2. 培养团队精神与文化

导师团队注重培养团队成员的合作精神和团队文化。他们通过组织团队活动、分享团队经验等方式，增强团队成员之间的凝聚力和归属感。同时，导师团队还注重培养团队成员的责任感和使命感，激发他们的创新创业热情和动力。

（六）导师团队作用发挥的保障措施

为了确保导师团队在创新创业教育中充分发挥作用，需要采取一系列保障措施。首先，高校应建立健全导师团队的选拔、培训和考核机制，确保导师团队具备较高的专业素养和指导能力。其次，高校应提供必要的资源和支持，如创新创业平台、实践基地等，为导师团队和学生提供良好的创新创业环境。此外，高校还应加强与政府、企业等外部机构的合作与交流，为导师团队和学生争取更多的创新创业机会和资源。

导师团队在创新创业教育中发挥着不可或缺的作用。他们通过传播创新创业理念、提供实践指导、整合资源和建设团队等方式，为培养具有创新精神、创业意识和创业能力的人才提供了有力支持。然而，导师团队在创新创业教育中的作用发挥仍面临一些挑战和限制因素，如资源不足、指导能力不足等。因此，未来需要进一步加强导师团队的建设和培训，提升他们的专业素养和指导能力；同时，还需要加强高校与政府、企业等外部机构的合作与交流，为导师团队和学生提供更多的创新创业机会和资源。

展望未来，随着创新创业教育的不断深入和发展，导师团队的作用将更加凸显。他们将继续在创新创业教育的各个领域发挥重要作用，为培养更多具有创新精神和实践能力的人才做出更大贡献。

第三节　校内外资源的有效对接

一、校内资源的挖掘与利用

（一）概述

在当今教育资源日益丰富的时代，校内资源的挖掘与利用显得尤为重要。校内资源涵盖了教学设施、师资力量、课程内容、学术氛围等多个方面，它们的充分利用不仅能够提升教育教学的质量，还能为学生提供更广阔的发展空间和机会。因此，下面将探讨如何深入挖掘和有效利用校内资源，以促进教育教学的优化和学生全面发展。

（二）教学设施的挖掘与利用

教学设施是校内资源的重要组成部分，其完善程度直接关系到教育教学活动的顺利开展。因此，我们应该充分挖掘和利用现有教学设施，发挥其最大效用。

首先，要全面了解学校的教学设施情况，包括教室、实验室、图书馆、体育场馆等。通过定期巡查和维护，确保这些设施的正常运行和良好状态。同时，根据教学需求和学生特点，合理调配和使用教学设施，确保其得到充分利用。

其次，要积极探索教学设施的创新利用方式。例如，利用多媒体教室开展互动式教学，利用实验室开展探究式学习，利用图书馆开展信息素养教育等。这些创新利用方式不仅能够丰富教学手段和方法，还能激发学生的学习兴趣和积极性。

（三）师资力量的挖掘与利用

师资力量是校内资源的核心要素，其质量和水平直接决定了教育教学的质量和效果。因此，我们应该充分挖掘和利用师资力量，发挥其专业特长和教学经验。

首先，要加强教师的培训和进修，提升他们的专业素养和教学能力。通过组织定期的教研活动、教学观摩和学术交流等活动，促进教师之间的经验分享和相互学习。同时，鼓励教师参与课程建设和教学改革，发挥他们的创造性和主动性。

其次，要充分利用教师的专业特长和兴趣爱好。例如，邀请具有丰富实践经验的教师开设专题讲座或实践课程，邀请具有研究特长的教师指导学生进行科研项目或创新实践等。这些方式能够充分发挥教师的专业优势，为学生提供更丰富的学习资源和机会。

（四）课程资源的挖掘与利用

课程资源是校内资源的重要组成部分，其丰富性和多样性能够为学生提供更广阔的学习视野和更深入的学习体验。因此，我们应该充分挖掘和利用课程资源，满足学生的学习需求。

首先，要不断优化和完善课程体系，确保课程的科学性和系统性。通过定期的课程评估和修订，更新课程内容，引入新的教学理念和教学方法。同时，注重课程的跨学科融合和交叉性，培养学生的综合素质和创新能力。

其次，要充分利用网络课程资源，拓展学生的学习空间和时间。通过建设在线课程平台或引入外部优质课程资源，为学生提供更多样化的学习选择和更灵活的学习方式。同时，鼓励学生利用网络资源进行自主学习和探究学习，培养他们的信息素养和自主学习能力。

（五）学术氛围的营造与利用

学术氛围是校内资源的重要软环境，其浓厚程度能够影响学生的学习态度和学术追求。因此，我们应该积极营造浓厚的学术氛围，并充分利用其积极作用。

首先，要定期举办学术讲座、研讨会和交流活动等，邀请校内外专家学者进行学术交流和分享。这些活动能够拓宽学生的学术视野，激发他们的学术兴趣和热情。同时，通过参与这些活动，学生还能够结交更多志同道合的朋友，形成良好的学术氛围。

其次，要注重培养学生的学术素养和批判性思维。通过开设相关课程或组织相关活动，引导学生了解学术规范和学术道德，培养他们的学术诚信意识。同时，鼓励学生参与科研项目或学术竞赛等活动，提升他们的学术能力和综合素质。

（六）挖掘与利用校内资源的挑战与对策

在挖掘与利用校内资源的过程中，我们也面临着一些挑战，如资源分配不均、信息不透明、缺乏有效管理等。为了克服这些挑战，我们需要采取一系列对策。

首先，建立健全校内资源管理机制，确保资源的合理分配和有效利用。通过制定相关政策和制度，明确资源的归属和使用权限，规范资源的申请和审批流程。同时，加强资源的监管和评估，确保资源的使用效果和质量。

其次，加强校内资源的信息化建设，提高资源的透明度和共享性。通过建立校内资源信息平台或数据库，实现资源的在线查询和预约等功能，方便师生获取和使用资源。同时，推动校内资源的共享和开放，促进不同部门之间的合作与交流。

最后，注重校内资源的创新利用和可持续发展。通过不断探索新的利用方式和途径，发挥校内资源的最大效用。同时，注重资源的保护和维护，确保资源的可持续利用和发展。

校内资源的挖掘与利用是一项长期而艰巨的任务，需要我们不断探索和实践。通过充分挖掘和利用教学设施、师资力量、课程资源和学术氛围等校内资源，我们能够提升教育教学的质量和效果，促进学生的全面发展。同时，面对挑战和困难，我们需要采取有效对策，不断完善校内资源管理机制和信息化建设，推动校内资源的创新利用和可持续发展。

展望未来，随着教育教学的不断发展和变革，校内资源的挖掘与利用将呈现出更多的可能性和机遇。我们应该保持开放的心态和创新的精神，不断探索和实践新的利用方式和途径，为教育教学的发展和学生的成长贡献更多的力量。

二、校外资源的拓展与合作

（一）概述

在高等教育快速发展的今天，校外资源的拓展与合作已经成为提升教育质量和促进学生全面发展的重要途径。校外资源涵盖了企业、科研机构、社会团体等多个方面，它们的参与不仅能够为高校提供丰富的教学和科研资源，还能为学生提供更广阔的实践平台和发展空间。下面将探讨如何有效拓展和合作校外资源，以促进教育教学的优化和学生综合素质的提升。

（二）企业资源的拓展与合作

企业作为市场经济的主体，拥有丰富的实践经验和资源积累。高校与企业之间的合作，可以实现资源共享和优势互补，推动产学研深度融合。

首先，高校可以与企业建立实践教学基地，为学生提供实习实训的机会。通过在企业中实习，学生可以深入了解企业的运营模式和业务流程，提升实践能力和职业素养。同时，企业也可以通过实习生的参与，发现和培养潜在的人才，为企业的未来发展储备人才资源。

其次，高校可以与企业开展科研项目合作，共同推动科技创新和成果转化。企业可以提供市场需求和技术支持，高校可以提供科研人才和理论支撑，双方共同研发新产品、新技术，推动产业升级和经济发展。

此外，高校还可以与企业开展人才培养合作，共同制订培养方案和教学计划，实现人才培养与市场需求的有效对接。通过校企合作，高校可以更加精准地把握市场需求和人才发展方向，为企业输送更多高素质的人才。

（三）科研机构资源的拓展与合作

科研机构是科技创新的重要力量，拥有先进的科研设备和专业的科研人才。高校与科研机构之间的合作，可以推动科研资源的共享和科研成果的转化，提升高校的科研水平和创新能力。

首先，高校可以与科研机构建立联合实验室或研究中心，共同开展科研项目和成果转化。通过共享科研设备和人才资源，双方可以更加高效地开展科研工作，推动科技创新和产业发展。

其次，高校可以邀请科研机构的专家学者来校开展学术讲座或短期教学活动，为学生提供更广阔的学术视野和更深入的专业知识。同时，高校的师生也可以参与科研机构的科研项目和学术活动，提升科研能力和学术水平。

此外，高校还可以与科研机构开展人才培养合作，共同培养高层次科研人才。通过联合培养研究生或开展博士后研究工作等方式，双方可以共同打造高水平的科研团队和人才培养基地。

（四）社会团体资源的拓展与合作

社会团体作为社会力量的重要组成部分，拥有丰富的社会资源和广泛的社会联系。高校与社会团体之间的合作，可以推动社会资源的有效利用和社会服务的拓展。

首先，高校可以与社会团体合作开展社会实践活动和志愿服务活动。通过参与社会实践活动和志愿服务活动，学生可以深入了解社会现象和问题，提升社会责任感和公民意识。同时，社会团体也可以借助高校的力量和资源，更好地开展社会服务和公益事业。

其次，高校可以与社会团体合作开展文化交流活动，推动不同文化之间的交流与融合。通过举办文化展览、艺术演出等活动，双方可以共同推广和传播优秀文化成果，提升文化软实力和影响力。

此外，高校还可以与社会团体合作开展创新创业教育和创业孵化工作。社会团体可以提供市场需求和创业资源等方面的支持，高校可以提供创业教育和创业指导等方面的服务，共同推动创新创业事业的发展。

（五）拓展与合作校外资源的挑战与对策

在拓展与合作校外资源的过程中，高校也面临着一些挑战，如合作机制不完善、资源对接不精准、合作效果难以评估等。为了克服这些挑战，我们需要采取一系列对策。

首先，建立健全合作机制是拓展与合作校外资源的关键。高校应与企业、科研机构和社会团体等建立长期稳定的合作关系，明确合作目标、内容和方式，制订合作计划和实施方案，确保合作的顺利进行。

其次，加强资源对接和精准匹配是提升合作效果的重要途径。高校应深入了解企业、科研机构和社会团体的需求和资源特点，有针对性地开展合作活动，实现资源的最大化利用和效益的最大化发挥。

最后，建立合作效果评估机制是保障合作质量的重要手段。高校应定期对合作项目进行评估和总结，分析合作成果和不足，及时调整合作策略和改进合作方式，确保合作的可持续发展。

校外资源的拓展与合作对于提升高校教育质量和促进学生全面发展具有重要意义。通过与企业、科研机构和社会团体等建立紧密的合作关系，高校可以获取更多的教学、科研和社会服务资源，为学生提供更广阔的实践平台和发展空间。同时，面对合作过程中的挑战和困难，高校需要采取有效对策，完善合作机制、加强资源对接和建立评估机制等，确保合作的顺利进行和取得实效。

展望未来，随着社会的不断发展和高等教育的不断改革，校外资源的拓展与合作将呈现出更多的可能性和机遇。高校应继续加强与企业、科研机构和社会团体等的合作与交流，探索更多形式的合作模式和创新路径，为提升教育质量和推动社会进步做出更大的贡献。

三、校内外资源在创新创业教育中的互补与协同

（一）概述

在当今知识经济和创新驱动的时代背景下，创新创业教育已成为高等教育的重要组成部分。校内外资源作为创新创业教育的两大支撑体系，各自具有独特的优势和特点，通过互补与协同的方式，能够共同推动创新创业教育的深入发展。下面将深入探讨校内外资源在创新创业教育中的互补与协同作用，以期为创新创业教育的优化和发展提供有益参考。

（二）校内资源的优势及其在创新创业教育中的作用

校内资源作为高校内部的资源体系，具有稳定性、系统性和专业性的特点。在创新创业教育中，校内资源发挥着至关重要的作用。

首先，校内资源为创新创业教育提供了丰富的教学资源和师资力量。高校拥有完备的学科体系和专业的教师团队，可以为学生提供系统的创新创业理论知识和实践技能培养。同时，校内实验室、图书馆等教学设施也为创新创业教育的开展提供了有力支持。

其次，校内资源为创新创业实践提供了良好的平台和环境。高校通过建设创业园区、孵化器等实践基地，为学生提供实践机会和创业资源。此外，校内组织的创新创业竞赛、讲座等活动，也有助于激发学生的创业热情和创新能力。

然而，校内资源在创新创业教育中也存在一定的局限性，如资源有限、与市场对接不够紧密等。因此，需要借助校外资源来弥补这些不足。

（三）校外资源的优势及其在创新创业教育中的作用

校外资源作为高校外部的资源体系，具有广泛性、多样性和灵活性的特点。在创新创业教育中，校外资源同样发挥着不可替代的作用。

首先，校外资源为创新创业教育提供了丰富的市场信息和行业动态。企业、行业协会等校外机构可以通过与高校的合作，为学生提供最新的市场需求和创业机会。这有助于学生更好地了解市场，提高创新创业的针对性和实效性。

其次，校外资源为创新创业实践提供了更广阔的空间和机会。通过与企业的合作，学生可以参与实际项目的研发和实施，积累实践经验和锻炼实践能力。此外，校外投资机构、孵化器等机构也可以为学生提供资金支持、创业指导等服务，帮助学生实现创业梦想。

然而，校外资源在创新创业教育中也存在一定的不确定性，如合作稳定性、资源对接难度等。因此，需要校内资源的支持和协同，以实现更好的合作效果。

（四）校内外资源的互补与协同在创新创业教育中的实现

校内外资源在创新创业教育中具有各自的优势和不足，通过互补与协同的方式，可以实现资源的优化配置和高效利用。

首先，校内外资源可以通过合作共建的方式实现互补。高校可以与企业、行业协会等校外机构建立紧密的合作关系，共同建设创新创业实践基地、开展创新创业项目等。这不仅可以充分利用校外资源的市场信息和行业动态优势，还可以借助校内资源的专业性和系统性特点，提高创新创业教育的质量和效果。

其次，校内外资源可以通过资源共享的方式实现协同。高校可以与企业、投资机构等校外机构共享资源，如实验室设备、创业导师、资金等。这不仅可以降低资源获取的成本和风险，还可以提高资源的利用效率和效益。同时，通过资源共享的方式，还可以加强校内外机构之间的交流和合作，促进创新创业教育的共同发展。

此外，校内外资源还可以通过师资互聘、课程互设等方式实现互补与协同。高校可以聘请具有丰富实践经验的校外专家担任客座教授或开设讲座，为学生提供更广阔的学术视野和实践经验。同时，高校也可以与企业合作开发创新创业课程，将市场需求和创业实践融入教学内容中，提高学生的创新创业能力。

（五）校内外资源互补与协同的挑战与对策

尽管校内外资源的互补与协同在创新创业教育中具有显著优势，但在实际操作过程中也面临一些挑战。

首先，合作机制的不完善可能导致资源对接不精准、合作效果难以评估等问题。为此，高校和校外机构应建立健全的合作机制，明确合作目标、责任和义务，制订详细的合作计划和实施方案，并定期进行合作效果评估和总结。

其次，文化差异和沟通障碍可能影响校内外资源的有效整合。为了克服这些障碍，高校和校外机构应加强沟通与交流，增进相互理解和信任。同时，可以通过举办文化交流活动、建立信息共享平台等方式，促进校内外资源的深度融合。

此外，资金和政策支持也是影响校内外资源互补与协同的重要因素。政府和相关部门应加大对创新创业教育的投入和支持力度，为校内外资源的合作提供有力的政策保障和资金支持。

校内外资源在创新创业教育中具有互补与协同的重要作用。通过合作共建、资源共享、师资互聘等方式，可以实现资源的优化配置和高效利用，推动创新创业教育的深入发展。然而，在实际操作中仍需面对合作机制、文化差异等挑战。因此，高校和校外机构应不断加强合作与交流，完善合作机制，克服障碍，共同推动创新创业教育的进步。

展望未来，随着科技的不断进步和社会的快速发展，创新创业教育的需求将更加迫切。校内外资源的互补与协同将在更大程度上发挥作用，为培养更多具有创新精神和创业能力的人才提供有力支持。同时，我们也需要不断探索和创新合作模式和机制，以适应时代发展的新需求和新挑战。

第四节　企业与校园的合作模式

一、校企合作的基本形式与内容

（一）概述

校企合作是指学校与企业之间建立的一种紧密合作关系，旨在通过双方资源的共享和互补，共同推动教育教学的优化和人才培养质量的提升。随着社会的快速发展和技术的不断进步，校企合作在高等教育中扮演着越来越重要的角色。下面将详细探讨校企合作的基本形式与内容，以期为校企合作的有效开展提供有益的参考。

（二）校企合作的基本形式

1. 共建实习实训基地

学校与企业共同建设实习实训基地，为学生提供实践学习的场所。企业根据自身生产经营需要，提供实习岗位和实训设备，学校则负责学生的实习安排和管理。通过实习实训，学生可以深入了解企业的运营模式和业务流程，提升实践能力和职业素养。

2. 开展产学研合作项目

学校与企业围绕共同关心的科研或产业问题，开展产学研合作项目。学校提供科研人才和技术支持，企业则提供市场需求和资金支持。通过产学研合作，双方可以共同研发新产品、新技术，推动科技创新和产业升级。

3. 实施订单式人才培养

学校与企业根据市场需求和人才发展方向，共同制订人才培养方案和教学计划。企业提出用人需求，学校则按照企业需求进行人才培养，实现人才培养与市场需求的有效对接。这种订单式人才培养方式有助于提高学生就业率和就业质量。

4. 师资互聘与共享

学校与企业互聘教师或专家，实现师资资源的共享。企业可以聘请具有丰富实践经验的教师到学校授课或开设讲座，学校也可以派遣教师到企业挂职锻炼或参与企业项目研发。这种师资互聘方式有助于提升教学质量和科研水平。

（三）校企合作的内容

1. 资源共享

校企合作的核心在于资源共享。学校与企业可以共享教学资源、科研设备、市场信息等资源。学校可以为企业提供科研人才和技术支持，企业则可以为学校提供实践场所和市场信息。通过资源共享，双方可以实现优势互补和互利共赢。

2. 人才培养

人才培养是校企合作的重要内容。学校与企业可以根据市场需求和人才发展方向，共同制订人才培养方案和教学计划。学校负责学生的基础知识和专业技能培养，企业则负责学生的实践能力和职业素养培养。通过校企合作，可以培养出既具备理论知识又具备实践经验的高素质人才。

3. 科研合作

科研合作是校企合作的又一重要内容。学校与企业可以围绕共同关心的科研问题或产业问题，开展联合研究或共同申报科研项目。通过科研合作，双方可以共同推动科技创新和产业升级，为社会发展做出贡献。

4. 文化交流与融合

校企合作不仅仅是资源和人才培养的合作，更是文化和价值观的交流与融合。学校与企业可以通过举办文化交流活动、组织师生到企业参观学习等方式，增进相互了解和信任。同时，学校也可以将企业的先进文化和管理理念引入校园，丰富校园文化内涵。

（四）校企合作的挑战与对策

尽管校企合作具有诸多优势，但在实际操作过程中也面临一些挑战。例如，合作机制不完善、合作内容不深入、合作效果难以评估等问题。为了克服这些挑战，需要采取一系列对策。

首先，建立健全合作机制是校企合作的关键。学校和企业应建立稳定的合作关系和明确的合作目标，制订详细的合作计划和实施方案，确保合作的顺利进行。

其次，深化合作内容是提升校企合作效果的重要途径。学校和企业应围绕人才培养、科研合作等方面开展深入合作，充分利用双方的资源和优势，实现互利共赢。

最后，建立合作效果评估机制是保障校企合作质量的重要手段。学校和企业应定期对合作项目进行评估和总结，分析合作成果和不足，及时调整合作策略和改进合作方式。

校企合作是高等教育发展的必然趋势，也是培养高素质人才的重要途径。通过共建实习实训基地、开展产学研合作项目、实施订单式人才培养以及师资互聘与共享等基本形式，学校与企业可以实现资源共享、人才培养、科研合作以及文化交流与融合等多方面的内容合作。然而，校企合作也面临着一些挑战，需要双方共同努力克服。

展望未来，随着科技的快速发展和社会的不断进步，校企合作将呈现出更加广阔的前景和更多的可能性。学校和企业应进一步加强沟通与协作，探索更加灵活多样的合作形式和内容，共同推动高等教育的创新与发展。同时，政府和社会也应加大对校企合作的支持力度，为校企合作的深入开展提供有力的保障和支持。

总之，校企合作是一种有效的教育模式，有助于培养适应社会发展需求的高素质人才。通过不断探索和创新合作形式与内容，学校和企业可以实现共赢发展，为社会的进步和繁荣做出更大的贡献。

二、企业在创新创业教育中的角色与责任

（一）概述

随着全球化和知识经济的深入发展，创新创业能力已成为国家竞争力的核心要素，也是推动社会进步和经济发展的重要动力。在这一背景下，高等教育机构纷纷加强创新创业教育，以培养具有创新精神和实践能力的人才。而在这一过程中，企业作为社会经济发展的重要力量，扮演着不可或缺的角色。下面将深入探讨企业在创新创业教育中的角色与责任，以期为深化校企合作、推动创新创业教育的持续发展提供有益参考。

（二）企业在创新创业教育中的角色

1. 实践平台的提供者

企业拥有丰富的实践资源和经验，可以为高校提供实践教学平台。通过与高校合作，企业可以为学生提供实习实训机会，让学生在实际工作环境中了解业务流程、掌握实践技能。同时，企业还可以与高校共同开展产学研合作项目，将市场需求和技术创新相结合，推动科技成果的转化和应用。

2. 市场信息的传递者

企业作为市场经济的主体，对市场动态和行业趋势有着敏锐的洞察力。通过与高校合作，企业可以将最新的市场需求、行业发展趋势等信息传递给高校，帮助高校调整课程设置和教学内容，使教育更贴近市场需求。此外，企业还可以为高校提供行业案例和成功经验，丰富教学内容，提高教学的针对性和实效性。

3. 创新文化的传播者

企业是创新活动的主要阵地，也是创新文化的重要载体。通过与高校合作，企业可以将自身的创新理念、创新精神和创新方法传播给高校师生，激发他们的创新热情和创造力。同时，企业还可以与高校共同举办创新创业竞赛、讲座等活动，营造浓厚的创新创业氛围，推动创新创业教育的深入发展。

（三）企业在创新创业教育中的责任

1. 社会责任

作为社会经济发展的重要力量，企业有责任支持并推动创新创业教育的发展。通过参与校企合作、提供实践机会等方式，企业可以帮助高校培养更多具有创新精神和实践能力的人才，为社会经济发展注入新的活力。同时，企业还可以通过支持创新创业项目、投资初创企业等方式，推动科技成果的转化和应用，促进产业升级和经济转型。

2. 教育责任

企业作为教育的重要参与者，应该积极履行教育责任。通过与高校合作，企业可以为高校提供实践教学资源和师资力量，参与课程设计和教学改革，推动高校教育质量的提升。同时，企业还可以为学生提供职业规划和就业指导服务，帮助他们更好地了解市场需求和就业前景，提高就业竞争力和职业发展能力。

3. 示范责任

企业在创新创业方面具有丰富的经验和成功案例，应该发挥示范引领作用。通过与高校合作，企业可以分享自身的创新经验和管理理念，引导高校师生树立正确的创新观念和创业意识。同时，企业还可以积极承担社会责任，推动社会创新氛围的形成和发展，为创新创业教育的深入发展提供有力支持。

（四）企业在创新创业教育中的挑战与对策

尽管企业在创新创业教育中扮演着重要角色并承担着相应责任，但在实际操作过程中也面临一些挑战。例如，合作机制不完善、投入成本较高、风险承担压力较大等问题。为了克服这些挑战，企业需要采取一系列对策。

首先，企业应加强与高校的沟通与协作，建立稳定的合作关系和明确的合作目标。通过共同制订合作计划和实施方案，确保合作的顺利进行并取得实效。

其次，企业应加大对创新创业教育的投入力度，提供必要的资金、设备和技术支持。同时，企业还可以探索多元化的合作模式，如共建创新创业基地、设立奖学金等，以降低合作成本并提高合作效益。

最后，企业应建立健全风险管理机制，合理评估并控制合作过程中的风险。通过加强项目筛选、完善合同条款等方式，降低潜在风险并确保合作项目的顺利进行。

企业在创新创业教育中扮演着重要的角色，并承担着相应的责任。通过提供实践平台、传递市场信息、传播创新文化等方式，企业可以为高校创新创业教育提供有力支持。同时，企业也应履行社会责任、教育责任和示范责任，为培养更多具有创新精神和实践能力的人才做出贡献。

展望未来，随着科技的不断进步和社会的快速发展，创新创业教育的需求将更加迫切。企业应继续加强与高校的合作与交流，探索更加灵活多样的合作形式和内容，共同推动创新创业教育的深入发展。同时，政府和社会也应加大对校企合作的支持力度，为企业在创新创业教育中发挥更大作用提供有力保障。

总之，企业在创新创业教育中具有不可替代的作用和责任。通过深化校企合作、加强沟通与协作、加大投入力度等措施，企业可以更好地发挥自身优势和作用，为培养更多具有创新精神和实践能力的人才做出积极贡献。

三、校企合作在推动创新创业人才培养中的作用

（一）概述

随着知识经济的深入发展和全球化的不断推进，创新创业能力已成为国家竞争力的核心要素，也是推动社会进步和经济发展的重要动力。在这一背景下，培养具有创新创业精神和实践能力的人才显得尤为重要。校企合作作为高等教育与产业界紧密结合的一种模式，在推动创新创业人才培养中发挥着不可替代的作用。下面将深入探讨校企合作在创新创业人才培养中的作用，以期为深化校企合作、提升人才培养质量提供有益参考。

（二）校企合作为创新创业人才培养提供实践平台

创新创业能力的培养离不开实践的锻炼和磨砺。企业作为市场经济的主体，拥有丰富的实践资源和经验，可以为高校提供实践教学平台。通过校企合作，学生可以深入企业实习实训，参与企业的实际运营和项目研发，了解市场需求和行业趋势，掌握实践技能和创新方法。这种实践性的学习方式有助于学生将理论知识与实际操作相结合，提升创新创业能力。

此外，校企合作还可以推动产学研深度融合，促进科技成果的转化和应用。高校

与企业共同开展科研项目和产品开发，不仅可以解决企业的实际问题，推动产业升级和创新发展，还可以为学生提供更多的实践机会和创新空间，激发他们的创新热情和创造力。

（三）校企合作有助于优化创新创业人才培养体系

传统的教育模式往往注重理论知识的传授，而忽视了学生的实践能力和创新精神的培养。校企合作可以打破这种局限，推动高校对创新创业人才培养体系进行优化和改革。

首先，校企合作可以促进课程体系的创新。高校可以根据企业的需求和行业的发展趋势，调整课程设置和教学内容，增加与创新创业相关的课程和实践环节，使教育更贴近市场需求和行业需求。

其次，校企合作可以推动教学方法的改革。企业中的实践经验和案例可以为教学提供丰富的素材和实例，使教学更加生动、直观和具有针对性。同时，企业中的专业人士和专家也可以作为兼职教师或客座教授，为高校带来新鲜的观点和教学方法，推动教学质量的提升。

最后，校企合作还可以为高校提供创新创业教育的师资和教学资源支持。企业中的创新创业人才和成功案例可以为高校提供宝贵的教学资源和师资力量，推动高校创新创业教育的深入发展。

（四）校企合作促进创新创业文化的传播与普及

创新创业文化的培育是创新创业人才培养的重要基础。企业通过校企合作可以将自身的创新理念、创新精神和创新方法传播给高校师生，帮助他们树立正确的创新观念和创业意识。同时，企业还可以与高校共同举办创新创业竞赛、讲座等活动，营造浓厚的创新创业氛围，激发学生的创新热情和创业激情。

此外，校企合作还可以推动创新创业文化的普及。企业可以将自身的成功经验和创新成果分享给社会大众，提升公众对创新创业的认识和理解。这种普及化的创新创业文化可以激发更多人的创新精神和创业热情，推动社会的创新发展和经济的转型升级。

（五）校企合作有助于建立创新创业生态系统

校企合作不仅有助于培养创新创业人才，还可以推动建立创新创业生态系统。在这个生态系统中，高校、企业、政府和社会各界共同参与，形成资源共享、优势互补、协同创新的良好局面。

高校可以为企业提供人才支持和技术支撑，推动企业的创新发展和产业升级；企业可以为高校提供实践平台和市场需求信息，促进高校的教育教学改革和人才培养质量提升；政府可以制定相关政策措施，为校企合作提供政策保障和资金支持；社会各界也可以积极参与创新创业活动，为创新创业提供良好的社会环境和文化氛围。

这种创新创业生态系统的建立可以形成强大的创新合力，推动整个社会的创新发展和经济的转型升级。

校企合作在推动创新创业人才培养中发挥着不可替代的作用。通过提供实践平台、优化人才培养体系、传播创新创业文化以及建立创新创业生态系统等方式，校企合作可以有效提升创新创业人才培养的质量和效果。

然而，当前校企合作在创新创业人才培养中仍面临一些挑战和问题，如合作机制不完善、合作深度不够、合作效果难以评估等。因此，未来应进一步加强校企合作的深度和广度，完善合作机制和政策保障，推动产学研深度融合和资源共享，为创新创业人才培养提供更加有力的支持和保障。

同时，高校和企业也应积极探索新的合作模式和方法，如共建创新创业基地、开展联合培养项目、建立创新创业导师制度等，以更好地发挥校企合作在创新创业人才培养中的优势和作用。

总之，校企合作是推动创新创业人才培养的重要途径和有效手段。通过深化校企合作、优化人才培养体系、传播创新创业文化以及建立创新创业生态系统等措施，可以为培养更多具有创新创业精神和实践能力的人才提供有力保障和支持。

第五节　资金支持与创新创业教育

一、创新创业教育的资金需求分析

（一）概述

随着全球化和知识经济的迅猛发展，创新创业能力已成为推动社会进步和经济发展的重要动力。在这一背景下，高等教育机构纷纷加强创新创业教育，以培养具有创新精神和实践能力的人才。然而，创新创业教育的实施需要大量的资金支持，包括教学资源建设、师资队伍培养、实践平台建设等方面。因此，对创新创业教育的资金需求进行深入分析，对于保障创新创业教育的有效实施具有重要意义。

（二）教学资源建设的资金需求

1. 教学设备购置与更新

创新创业教育需要配备先进的教学设备，如实验室设备、计算机和软件等，以支持学生进行实践操作和创新实验。这些设备的购置和更新需要大量的资金投入，以确保教学设备的先进性和适用性。

2. 教材与课程资源的开发

创新创业教育需要不断更新和完善教材和课程资源，以适应市场需求和技术变革。这涉及到教材编写、课程录制、在线平台建设等方面的费用，需要投入相当的资金。

（三）师资队伍培养的资金需求

1. 教师培训与进修

创新创业教育的师资队伍需要具备较高的专业素养和实践经验。因此，高校需要投入资金对教师进行培训和进修，提升他们的教育教学能力和创新创业指导能力。

2. 引进高层次人才

为了加强创新创业教育的师资力量，高校还需要引进具有丰富实践经验和创新能力的高层次人才。这涉及到人才引进、薪酬待遇、科研启动经费等方面的投入。

（四）实践平台建设的资金需求

1. 实习实训基地建设

实习实训是创新创业教育的重要环节，需要建设一批高质量的实习实训基地。这包括场地租赁、设备购置、管理维护等方面的费用，需要投入大量的资金。

2. 创新创业孵化器建设

为了支持学生的创新创业项目，高校还需要建设创新创业孵化器，提供场地、资金、技术等方面的支持。这涉及到孵化器的规划、建设、运营等方面的投入。

（五）其他方面的资金需求

1. 创新创业竞赛与活动

创新创业竞赛和活动是激发学生创新精神和创业热情的重要途径。高校需要投入资金举办各类创新创业竞赛和活动，包括奖金设置、活动组织、宣传推广等方面的费用。

2. 创新创业教育与产业对接

为了推动创新创业教育与产业的深度融合，高校还需要加强与企业的合作与交流。这涉及到校企合作项目的开发、实施和管理等方面的投入，需要一定的资金支持。

（六）资金筹措与使用的建议

1. 多元化筹措资金

高校应积极探索多元化的资金筹措渠道，包括政府拨款、企业捐赠、社会投资等。同时，还可以通过与企业合作开展项目研发、技术转化等方式，获取更多的资金支持。

2. 合理使用资金

高校应制订科学的资金使用计划，确保资金的有效利用。在资金使用过程中，应加强对资金使用的监管和评估，确保资金用于创新创业教育的关键领域和重点环节。

3. 建立长效机制

为了保障创新创业教育的持续发展，高校应建立长效的资金投入机制。这包括设立专门的创新创业教育基金、制定稳定的经费投入政策等，为创新创业教育的长远发展提供有力保障。

创新创业教育的资金需求是一个复杂而重要的问题。通过对教学资源建设、师资队伍培养、实践平台建设等方面的资金需求进行深入分析，可以发现创新创业教育的实施需要大量的资金支持。因此，高校应积极探索多元化的资金筹措渠道，合理使用资金，并建立长效的资金投入机制，以保障创新创业教育的有效实施和持续发展。

展望未来，随着社会对创新创业人才的需求不断增加，创新创业教育的地位和作用将更加凸显。同时，随着科技的不断进步和经济的持续发展，创新创业教育的形式和内容也将不断创新和完善。因此，高校应持续关注创新创业教育的资金需求问题，加强资金筹措和管理，为培养更多具有创新精神和实践能力的人才提供有力支持。

二、资金来源与筹集渠道

（一）概述

在当今日益激烈的国际竞争环境中，创新创业能力已成为国家核心竞争力的重要组成部分。高等教育作为培养创新创业人才的重要基地，其创新创业教育的发展至关重要。然而，创新创业教育的实施和推广需要充足的资金支持，因此，探索多元化的资金来源与筹集渠道，对于保障创新创业教育的持续、健康发展具有重要意义。

（二）政府资金支持

政府是创新创业教育资金的主要提供者之一。政府通过设立专项资金、提供财政补贴、实施税收优惠等方式，对高校的创新创业教育进行扶持。这些资金可以用于支持教学设备的购置、课程资源的开发、师资队伍的建设以及实践平台的搭建等方面。政府资金支持具有稳定性、可持续性的特点，对于高校创新创业教育的长期发展具有重要作用。

（三）企业合作与捐赠

企业作为市场经济的主体，对于创新创业教育的支持具有重要意义。高校可以与企业建立紧密的合作关系，通过共同研发、技术转化、人才培养等方式，获取企业的资金支持。此外，企业也可以通过捐赠的形式，为高校的创新创业教育提供资金支持。这种支持不仅有助于缓解高校资金压力，还可以促进产学研深度融合，推动创新创业教育的实践发展。

（四）社会投资与融资

随着资本市场的不断完善和创新创业热潮的兴起，社会投资和融资也成为高校创新创业教育资金来源的重要渠道。高校可以通过设立创新创业基金、发行债券、吸引风险投资等方式，从社会筹集资金。这些资金可以用于支持学生的创新创业项目、举办创新创业竞赛和活动、推动科技成果的转化和应用等方面。社会投资和融资具有灵活性、高效性的特点，可以为高校创新创业教育提供更为广阔的资金来源。

（五）学生自费与校友捐赠

学生自费与校友捐赠也是创新创业教育资金来源的重要组成部分。随着人们对创新创业教育的认识和重视程度的提高，越来越多的学生愿意选择自费方式来接受高质量的创新创业教育。此外，校友作为高校的重要资源，他们的捐赠不仅可以为创新创业教育提供资金支持，还可以为学生提供实习实训、就业创业等方面的帮助。

（六）其他渠道

除了上述几种主要的资金来源与筹集渠道外，高校还可以探索其他多元化的资金筹集方式。例如，通过与国际组织、其他高校或研究机构进行合作与交流，获取国际项目资助或合作研究经费；通过出售知识产权、技术成果等方式，实现科技成果的转化和资金回报；以及通过举办各种形式的公益活动、募捐活动等，吸引社会各界的关注和支持。

（七）优化资金筹集与使用策略

在筹集到足够的资金后，如何合理、高效地使用这些资金，以最大限度地发挥其对创新创业教育的支持作用，也是高校需要重视的问题。首先，高校应制订详细的资金使用计划，明确各项支出的优先级和比例，确保资金能够用于最关键、最紧迫的领域。其次，高校应建立严格的资金监管机制，对资金的使用过程进行全程跟踪和审计，确保资金的透明度和合规性。此外，高校还应定期对资金的使用效果进行评估和反馈，以便及时调整资金使用策略，优化资金配置。

综上所述，创新创业教育的资金来源与筹集渠道具有多样性和灵活性。政府、企业、社会、学生及校友等各方都可以成为资金来源的重要提供者。然而，不同的资金来源具有不同的特点和优势，高校应根据自身的实际情况和发展需求，选择适合自己的资金筹集方式。同时，高校也应积极探索新的资金来源与筹集渠道，为创新创业教育的持续、健康发展提供有力的资金保障。

展望未来，随着创新创业教育的不断深入和发展，其资金需求也将不断增长。因此，高校应不断加强与各方的合作与交流，拓宽资金筹集渠道，提高资金使用效率。同时，政府和社会也应加大对创新创业教育的支持力度，为其提供更多的政策和资金支持，共同推动创新创业教育的繁荣与发展。

在探索资金来源与筹集渠道的过程中，高校还应注重创新资金管理和使用机制，确保资金的合理分配和高效利用。例如，可以建立创新创业教育专项资金池，实行项目管理制，对资金使用进行精细化管理；同时，也可以引入市场机制，通过与社会资本的合作，实现资金的滚动使用和增值。

此外，高校还应加强与国际社会的交流与合作，借鉴国外先进的创新创业教育理念和实践经验，引入更多的国际资金支持。通过与国际接轨，不仅可以提升高校的创新创业教育水平，还可以增强其在全球范围内的竞争力和影响力。

总之，资金来源与筹集渠道是支持创新创业教育发展的重要保障。高校应积极探索多元化的资金来源与筹集渠道，优化资金管理和使用机制，为创新创业教育的持续、健康发展提供有力的支撑。

三、资金使用与监管机制

（一）概述

在创新创业教育的实施过程中，资金的使用与监管机制是确保资金有效利用、防止资金浪费和滥用、推动创新创业教育健康发展的重要保障。建立健全的资金使用与监管机制，对于提高创新创业教育的质量和效益、培养更多具有创新精神和实践能力的人才具有重要意义。

（二）资金使用原则与规划

1. 资金使用原则

在使用创新创业教育资金时，应遵循以下几个原则。一是专款专用原则，确保资金用于创新创业教育的相关活动和项目；二是效益最大化原则，力求资金的使用能够带来最大的教育效益和社会效益；三是公开透明原则，资金使用过程应公开透明，接受各方监督。

2. 资金使用规划

高校应根据创新创业教育的实际需求和发展目标，制订详细的资金使用规划。这包括确定资金使用的重点领域和具体项目、制订资金分配比例和预算方案、明确资金使用的时间节点和进度安排等。通过科学规划，可以确保资金能够有针对性地投入到最需要的领域和项目中，提高资金使用的针对性和有效性。

（三）资金监管机制建设

1. 建立专门的监管机构

高校应成立专门的创新创业教育资金监管机构，负责对资金的使用进行全程跟踪和监管。监管机构应具备独立性和专业性，能够客观公正地履行职责。同时，监管机构还应与其他相关部门保持密切沟通，形成监管合力。

2. 制定监管制度与政策

高校应制定完善的创新创业教育资金监管制度与政策，明确监管的职责、权限、程序和要求。制度与政策应包括资金使用的审批流程、监管方式、违规处理等方面，为资金监管提供有力的制度保障。

3. 加强内部审计与监督

高校应加强对创新创业教育资金的内部审计与监督，确保资金使用的合规性和有效性。内部审计应定期对资金的使用情况进行检查和评估，发现问题及时整改。同时，高校还应接受外部审计和社会监督，提高资金使用的透明度和公信力。

（四）资金使用效益评估与反馈

1. 建立效益评估体系

高校应建立创新创业教育资金使用效益评估体系，对资金的使用效果进行定期评估。评估体系应包括教育效益、社会效益、经济效益等多个方面，全面反映资金使用的成果和影响。

2. 及时反馈与调整

根据效益评估结果，高校应及时反馈资金使用情况，对存在的问题和不足进行分析和总结。同时，高校还应根据评估结果调整资金使用规划，优化资金配置，提高资金使用效率。

（五）强化资金使用与监管的保障措施

1. 提高认识与重视程度

高校应充分认识到资金使用与监管在创新创业教育中的重要性，加强对资金使用与监管的宣传和培训，提高全体师生对资金使用与监管的认识和重视程度。

2. 加强人才队伍建设

高校应加强对创新创业教育资金监管人才队伍的建设，培养和引进一批具备专业知识和实践经验的人才，提高资金监管的专业化和科学化水平。

3. 引入信息化手段

高校应充分利用信息化手段，建立创新创业教育资金管理信息系统，实现资金使用的在线申报、审批、监管和评估等功能，提高资金管理的便捷性和高效性。

资金使用与监管机制是保障创新创业教育有效实施的关键环节。通过建立健全的资金使用原则与规划、资金监管机制、效益评估与反馈体系以及保障措施，可以确保创新创业教育资金的有效利用和高效管理。同时，随着创新创业教育的不断发展和完善，资金使用与监管机制也应不断创新和优化，以适应新的教育需求和市场需求。

展望未来，高校应继续加强对创新创业教育资金使用与监管机制的研究和探索，积极借鉴国内外先进经验和做法，不断完善和优化资金使用与监管机制。同时，政府和社会也应加大对创新创业教育的支持力度，为高校提供更多的政策和资金支持，共同推动创新创业教育的繁荣与发展。

总之，资金使用与监管机制是保障创新创业教育健康发展的重要保障。高校应高度重视资金使用与监管工作，加强制度建设、人才培养和信息化手段应用等方面的工作，确保创新创业教育资金的有效利用和高效管理。

第六节　实用性强的资源整合平台介绍

一、资源整合平台的功能与特点

（一）概述

在信息化、网络化日益发展的今天，资源整合平台作为连接各方资源、促进信息共享与协作的重要工具，已经逐渐成为推动各行业创新发展的重要支撑。资源整合平台通过集成各种资源、技术和服务，实现了资源的优化配置和高效利用，为企业、组织和个人提供了更加便捷、高效的工作方式。下面将对资源整合平台的功能与特点进行详细探讨，以期为读者深入理解和应用这一工具提供参考。

（二）资源整合平台的功能

1. 资源集成与管理

资源整合平台的核心功能在于对各种资源进行集成与管理。这些资源包括但不限于人力资源、物力资源、技术资源、信息资源等。平台通过统一的接口和标准，将这些资源进行整合，形成一个庞大的资源库，方便用户进行检索、调用和共享。同时，平台还提供资源管理的功能，包括资源的分类、存储、更新和删除等，确保资源库的准确性和时效性。

2. 信息共享与交流

资源整合平台还具备信息共享与交流的功能。通过平台，用户可以将自己的资源、经验、知识等进行分享，同时也可以获取其他用户的分享内容。这种信息共享与交流有助于打破信息孤岛，促进知识传播和创新思维的碰撞。此外，平台还可以提供即时通讯、在线会议等功能，方便用户进行实时交流和协作。

3. 服务提供与支持

资源整合平台不仅提供资源的集成与管理，还可以提供各种服务支持。这些服务包括但不限于技术咨询、培训支持、项目合作等。平台可以根据用户的需求，为其匹配合适的服务提供商或合作伙伴，降低用户获取服务的成本和时间。同时，平台还可以提供个性化的服务推荐和定制，满足用户多样化的需求。

4. 数据分析与决策支持

资源整合平台还具备强大的数据分析功能，可以对平台上的各种数据进行挖掘和分析，为用户提供决策支持。通过对用户行为、资源使用情况、市场需求等数据的分析，平台可以帮助用户发现潜在的问题和机会，制订更加科学合理的策略和计划。

（三）资源整合平台的特点

1. 开放性与包容性

资源整合平台具有开放性和包容性的特点。它允许各种类型、各种来源的资源进行集成和共享，不受地域、行业、组织等限制。这种开放性和包容性使得平台能够汇聚更多的资源和信息，形成更加丰富多样的资源池。

2. 高效性与便捷性

资源整合平台通过集成各种资源和技术，实现了资源的快速检索、调用和共享，大大提高了工作效率。同时，平台提供的在线交流、即时通讯等功能，也使得用户之间的沟通更加便捷高效。

3. 智能性与个性化

资源整合平台通常具备智能化的特点，能够根据用户的需求和行为，进行智能推荐和定制化服务。例如，平台可以根据用户的搜索历史和偏好，推荐相关的资源和信息；也可以根据用户的需求，提供个性化的服务方案。

4. 安全性与可靠性

资源整合平台在处理大量资源和信息时，需要保证数据的安全性和可靠性。平台通常采用先进的数据加密和备份技术，确保用户数据的安全；同时，平台还会进行定期维护和升级，保证系统的稳定运行。

（四）资源整合平台的应用价值

资源整合平台在各个领域都具有广泛的应用价值。对于企业而言，它可以帮助企业实现资源的优化配置和高效利用，提高生产效率和创新能力；对于组织而言，它可以促进组织内部的协作和沟通，提升组织效能和凝聚力；对于个人而言，它可以提供更加丰富的学习资源和职业发展机会，促进个人成长和进步。

资源整合平台作为一种连接各方资源、促进信息共享与协作的重要工具，已经在多个领域展现出巨大的应用潜力和价值。随着技术的不断发展和应用的深入，资源整合平台的功能将进一步完善和优化，特点将更加突出和鲜明。未来，我们可以期待资源整合平台在更多领域发挥更大的作用，为推动社会进步和经济发展做出更大的贡献。

同时，我们也应看到，资源整合平台的发展还面临一些挑战和问题，如如何确保数据的安全性和隐私保护、如何提升平台的智能化和个性化服务水平等。因此，我们需要不断加强技术研发和创新，完善平台的功能和性能，以满足用户日益增长的需求。

总之，资源整合平台作为一种强大的资源整合工具，已经展现出其独特的优势和价值。我们应该充分利用这一工具，发挥其在资源共享、信息交流、服务提供等方面的作用，推动各行业的创新发展和社会进步。

二、平台在创新创业教育中的应用案例

（一）概述

随着全球化和信息化的加速发展，创新创业已成为推动社会进步和经济发展的重要动力。在这一背景下，创新创业教育逐渐受到广泛关注，成为高等教育的重要组成部分。为了更有效地推动创新创业教育的深入发展，各种创新创业平台应运而生，为广大学生提供了更加广阔的实践舞台和丰富的资源支持。下面将结合具体案例，探讨平台在创新创业教育中的应用及其效果。

（二）案例背景

本案例选取了一所国内知名高校的创新创业平台——创新创业实训中心。该中心以培养学生的创新精神和实践能力为目标，通过搭建线上线下相结合的创新创业平台，为学生提供了全方位的创新创业服务。

（三）平台功能与应用

1. 资源整合与共享

创新创业实训中心通过整合校内外各类资源，形成了一个庞大的资源库。这些资源包括创业导师、投资机构、孵化基地、行业专家等，为学生提供了丰富的创业指导和支持。同时，平台还建立了资源共享机制，鼓励学生之间的合作与交流，实现资源共享和优势互补。

2. 课程开发与教学

平台根据创新创业教育的需求，开发了一系列具有针对性和实用性的课程。这些课程涵盖了创新思维培养、创业计划书撰写、市场营销策略等多个方面，旨在帮助学生掌握创新创业的基本知识和技能。同时，平台还邀请行业专家和成功创业者进行授课和分享，为学生提供更加贴近实际的创业教育。

3. 实践项目与孵化

平台鼓励学生将所学知识和技能应用于实践中，通过组织各种实践项目和创业竞赛，为学生提供展示才华和实现梦想的机会。同时，平台还设立了孵化基地，为有潜力的创业项目提供场地、资金和政策支持，助力项目成长和发展。

4. 交流与协作

平台建立了线上线下的交流与协作机制，鼓励学生之间的合作与交流。通过组织沙龙、讲座、论坛等活动，为学生提供了一个广阔的交流空间，促进了不同专业、不同背景学生之间的思想碰撞和合作创新。同时，平台还建立了创新创业社群，方便学生随时随地进行交流和分享。

（四）应用效果与影响

1. 提升了学生的创新创业能力

通过参与平台的各项活动和项目，学生的创新创业能力得到了显著提升。他们学会了如何发现市场需求、如何制订创业计划、如何筹集资金等创业基本技能，同时也培养了创新思维和解决问题的能力。这些能力对于他们的未来职业发展具有重要意义。

2. 促进了产学研深度融合

平台通过整合校内外资源，促进了产学研的深度融合。一方面，学生可以通过平台接触到更多的行业专家和实际项目，了解行业动态和发展趋势。另一方面，企业和机构也可以通过平台与高校进行合作，共同开展研发和创新活动，实现资源共享和互利共赢。

3. 推动了创新创业文化的形成

平台的建立和发展，推动了校园创新创业文化的形成。越来越多的学生开始关注创新创业，积极参与到各种创新创业活动中来。同时，平台还通过举办各种创业竞赛和展示活动，宣传创新创业理念和成功案例，激发了更多人的创业热情和信心。

（五）案例总结与启示

本案例展示了平台在创新创业教育中的重要应用和价值。通过搭建线上线下相结合的创新创业平台，可以为学生提供全方位的创新创业服务，促进他们的创新能力和实践能力的提升。同时，平台还可以推动产学研深度融合和创新创业文化的形成，为社会的创新发展注入新的活力。

然而，我们也应看到平台在应用中还存在一些挑战和问题。例如，如何更好地整合和利用资源、如何提供更加个性化和精准的服务、如何加强平台的安全性和稳定性等。因此，未来我们需要进一步加强平台的建设和管理，不断优化其功能和服务，以满足学生和社会对于创新创业教育的更高需求。

（六）展望与建议

随着科技的不断进步和教育的创新发展，平台在创新创业教育中的应用将更加广泛和深入。未来，我们可以期待更多高效、智能、个性化的创新创业平台出现，为学生提供更加优质、便捷的创新创业服务。同时，我们也需要加强平台的监管和规范，确保其健康、有序地发展。

为此，我们提出以下建议：一是加强平台与高校、企业、政府等各方的合作与交流，共同推动创新创业教育的深入发展；二是注重平台的创新性和前瞻性，不断探索和应用新技术、新模式，提高平台的服务水平和竞争力；三是关注学生的需求和反馈，不断优化平台的功能和服务，提升用户体验和满意度。

总之，平台在创新创业教育中发挥着越来越重要的作用。我们应该充分利用这一工具，发挥其独特优势，推动创新创业教育的深入发展，为培养更多具有创新精神和实践能力的人才做出贡献。

三、平台使用效果与反馈分析

（一）概述

随着创新创业教育的日益普及和深化，各类创新创业平台如雨后春笋般涌现，为学生提供了丰富的资源和机会。然而，平台的使用效果如何，学生对其满意度如何，是评估平台价值、优化平台功能的重要依据。下面将对某一具体创新创业平台的使用效果进行详细分析，并结合学生反馈，提出改进建议，以期提升平台的服务质量和用户体验。

（二）平台使用效果分析

1. 资源整合效果

该创新创业平台在资源整合方面表现出色，成功整合了校内外各类资源，包括创业导师、投资机构、孵化基地等，为学生提供了全方位的支持。通过平台，学生可以便捷地获取创业信息、寻找合作伙伴、申请资金支持等，有效降低了创业门槛。同时，平台还定期举办线上线下活动，促进了学生之间的交流与合作，形成了良好的创新创业氛围。

2. 创新创业能力提升

平台通过提供丰富的课程、实践项目和导师指导，有效提升了学生的创新创业能力。学生在参与平台活动的过程中，不仅学到了创业知识和技能，还锻炼了团队协作能力、沟通能力等综合素质。许多学生在平台的帮助下成功创办了企业，实现了创业梦想。

3. 产学研合作深化

平台积极搭建产学研合作桥梁，推动了学校、企业和政府之间的紧密合作。通过平台，学生可以接触到企业的实际需求和技术难题，有机会参与企业的研发项目，实现了学校教育与市场需求的有效对接。同时，企业也可以通过平台获取高校的智力支持和人才资源，推动企业的创新发展。

（三）学生反馈分析

1. 正面反馈

大部分学生对平台的使用效果表示满意，认为平台提供了丰富的资源和机会，帮助他们实现了创新创业梦想。学生们特别赞赏平台在资源整合、课程开发和实践项目组织方面的努力，认为这些举措对他们的成长和发展起到了积极的推动作用。同时，学生们也表示，通过参与平台活动，他们的创新创业能力得到了显著提升，团队协作能力、沟通能力等综合素质也得到了锻炼。

2. 负面反馈与建议

尽管大部分学生对平台表示满意，但也有部分学生提出了一些问题和建议。首先，部分学生认为平台的界面设计不够友好，操作不够便捷，希望平台能够优化界面设计，提升用户体验。其次，有学生反映平台的资源更新不够及时，部分信息存在滞后现象，希望平台能够加强信息更新和维护工作。此外，还有学生建议平台增加更多的实践机会和项目，以便更好地锻炼他们的创新创业能力。

（四）改进建议与措施

针对学生的反馈和建议，我们提出以下改进建议和措施。

（1）优化平台界面设计，提升用户体验。平台应关注用户的需求和习惯，优化界面布局和操作流程，使平台更加易用、便捷。同时，平台还可以增加个性化设置功能，满足不同用户的个性化需求。

（2）加强信息更新和维护工作。平台应建立完善的信息更新机制，确保资源的及时性和准确性。同时，平台还应加强数据安全和隐私保护工作，保障用户信息的安全。

（3）增加实践机会和项目。平台应积极与校外企业和机构合作，争取更多的实践机会和项目资源。通过组织创业竞赛、实习实训等活动，为学生提供更多的实践锻炼机会，帮助他们更好地提升创新创业能力。

（4）建立完善的用户反馈机制。平台应设立专门的用户反馈渠道，及时收集和处理用户的意见和建议。通过定期的用户调研和满意度调查，了解用户对平台的真实感受和需求，不断优化平台功能和服务。

通过对该创新创业平台的使用效果和学生反馈的分析，我们可以看到平台在资源整合、创新创业能力提升和产学研合作方面取得了显著成效，但也存在一些需要改进的地方。未来，平台应继续发挥自身优势，不断优化功能和服务，为学生提供更加优质、便捷的创新创业支持。同时，平台还应关注行业的发展趋势和市场需求，不断创新和拓展新的服务模式，为培养更多具有创新精神和实践能力的人才做出贡献。

在未来的发展中，我们期待该创新创业平台能够成为连接学校、企业和社会的桥梁，推动产学研深度融合，为创新创业教育的深入发展注入新的活力。同时，我们也希望平台能够继续关注学生的成长和发展需求，提供更加个性化、精准化的服务，助力学生实现创新创业梦想。

第六章 科技创新与信息技术在创新创业教育中的应用

第一节 科技创新对创新创业教育的影响

一、科技创新为创新创业教育提供新动力

（一）概述

随着科技的不断进步和创新能力的日益提升，科技创新已经成为推动社会发展的重要引擎。在这样一个时代背景下，创新创业教育也逐渐成为高等教育的重要组成部分，旨在培养学生的创新思维和实践能力，为社会培养具备创新创业精神的人才。科技创新与创新创业教育之间存在着密切的联系，科技创新为创新创业教育提供了新动力，推动了其深入发展。

（二）科技创新引领创新创业教育的发展方向

科技创新的发展为创新创业教育提供了明确的发展方向。随着科技的日新月异，新兴技术、新兴产业不断涌现，为创新创业提供了广阔的空间和无限的可能。因此，创新创业教育需要紧跟科技创新的步伐，不断调整和优化教学内容和方法，以适应时代的需求。例如，在课程设置上，可以加强人工智能、大数据、云计算等新兴技术的介绍和应用，使学生掌握前沿科技知识和技能；在教学方式上，可以利用虚拟现实、在线教育等技术手段，打造更加生动、高效的教学环境。

（三）科技创新丰富创新创业教育的内容与形式

科技创新不仅为创新创业教育提供了方向，还为其带来了丰富的内容和形式。在内容上，科技创新为创新创业教育提供了大量的实践案例和素材，使学生能够更好地理解和应用所学知识。例如，通过引入企业创新案例、创业成功故事等，可以激发学生的创业热情和信心；通过组织科技竞赛、创新实验等活动，可以培养学生的实践能力和创新精神。在形式上，科技创新也推动了创新创业教育的多样化发展。除了传统的课堂教学外，还可以开展项目式学习、工作坊、创业实训等多种形式的教学活动，以满足不同学生的需求和兴趣。

（四）科技创新提升创新创业教育的实践效果

科技创新在提升创新创业教育的实践效果方面发挥着重要作用。首先，科技创新为学生提供了更多的实践机会和资源。通过与企业、科研机构等合作，学生可以参与到真实的科研项目和创业实践中，深入了解科技创新的流程和机制，积累宝贵的实践经验。其次，科技创新为创新创业教育提供了更加精准和高效的支持。借助大数据、人工智能等技术手段，可以对学生的学习情况和创业进展进行实时监测和评估，为他们提供个性化的指导和帮助。此外，科技创新还促进了创新创业教育的国际化发展，使学生能够接触到更多的国际资源和先进经验，拓宽他们的视野和思路。

（五）科技创新促进创新创业教育与产业界的深度融合

科技创新不仅推动了创新创业教育的内部变革，还促进了其与产业界的深度融合。一方面，产业界的科技创新需求为创新创业教育提供了明确的目标和导向。通过与企业合作开展科研项目、共同培养人才等方式，可以使创新创业教育更加贴近市场需求和产业发展趋势。另一方面，创新创业教育的成果也可以为产业界的科技创新提供有力支持。学生通过参与科研项目、开发新产品等方式，可以为产业界带来新的思路和解决方案，推动产业的创新和发展。

（六）未来展望：科技创新与创新创业教育的协同发展

展望未来，科技创新与创新创业教育将继续保持密切的协同关系，共同推动社会的创新和发展。随着科技的不断进步和应用领域的不断拓展，创新创业教育将面临更多的机遇和挑战。因此，我们需要进一步加强科技创新与创新创业教育的结合，不断探索新的教学模式和方法，培养更多具备创新精神和实践能力的人才。同时，我们还需要加强国际交流与合作，借鉴国际先进经验，推动创新创业教育的国际化发展。

综上所述，科技创新为创新创业教育提供了新动力，推动了其深入发展。通过引领发展方向、丰富内容与形式、提升实践效果以及促进与产业界的融合等方式，科技创新为创新创业教育注入了新的活力和动力。未来，随着科技的不断发展和创新能力的不断提升，我们相信科技创新与创新创业教育将继续保持紧密的协同关系，共同为社会的创新和发展做出更大的贡献。

二、科技创新推动创新创业教育的模式变革

（一）概述

在当今科技飞速发展的时代，科技创新已经成为推动社会进步的核心动力。它不仅深刻影响着经济、文化、社会等多个领域，也在教育领域引发了一场深刻的变革。其中，创新创业教育作为培养具有创新精神和创业能力人才的重要途径，受到了科技创新

的深刻影响。下面将深入探讨科技创新如何推动创新创业教育的模式变革，以期为相关领域的改革和发展提供有益的参考。

（二）科技创新引领创新创业教育理念更新

传统的创新创业教育往往注重理论知识的传授和创业技能的培训，而忽视了学生创新精神和创业能力的培养。然而，在科技创新的推动下，创新创业教育的理念逐渐发生了更新。如今，越来越多的教育者开始认识到，创新创业教育的核心在于培养学生的创新思维和创业精神，使他们具备发现问题、解决问题的能力，以及勇于探索、敢于实践的精神。这种理念的更新为创新创业教育的模式变革提供了思想基础。

（三）科技创新促进创新创业教育内容创新

随着科技的不断进步，新兴技术、新产业、新业态不断涌现，为创新创业教育提供了丰富的内容和素材。科技创新不仅推动了传统产业的升级换代，也催生了许多新兴产业的诞生。这些新兴产业的出现为创新创业教育提供了更多的实践机会和项目资源。同时，新兴技术如人工智能、大数据、云计算等也为创新创业教育提供了更多的教学手段和方法。教育者可以利用这些技术手段开展线上教学、虚拟仿真实验等，使教学更加生动、直观、高效。

（四）科技创新推动创新创业教育模式创新

科技创新不仅促进了创新创业教育内容的创新，也推动了其模式的创新。传统的创新创业教育模式往往以课堂教学为主，缺乏实践环节和互动环节。然而，在科技创新的推动下，越来越多的高校开始尝试采用项目式学习、工作坊、创业实训等新型教学模式。这些模式注重学生的实践能力和团队协作能力的培养，使学生在参与项目的过程中掌握创新创业的知识和技能。同时，高校还积极与企业、科研机构等合作，共同开展创新创业教育和实践活动，实现产学研深度融合。

（五）科技创新提升创新创业教育的师资力量

科技创新不仅推动了创新创业教育的理念、内容和模式变革，还提升了其师资力量。随着科技的发展，许多教师开始关注新兴技术的学习和应用，通过参加培训、自学等方式不断提升自己的专业素养和创新能力。这使得他们能够更好地适应创新创业教育的需求，为学生提供更加优质的教学和服务。同时，高校也积极引进具有丰富实践经验和创新精神的优秀人才担任创新创业教育的教师，为创新创业教育的发展提供有力的人才保障。

（六）科技创新助力创新创业教育的国际化发展

科技创新的全球化趋势也推动了创新创业教育的国际化发展。在科技创新的推动下，越来越多的高校开始加强与国际先进教育资源的交流与合作，引进国际先进的创新创业教育理念、课程和实践项目。同时，高校还积极组织学生参加国际创新创业竞赛、交流活动等，拓宽学生的国际视野和跨文化交流能力。这些举措不仅提升了创新创业教育的国际化水平，也为学生提供了更广阔的发展空间和机会。

（七）挑战与展望

虽然科技创新为创新创业教育的模式变革带来了诸多机遇，但也面临着一些挑战。例如，如何有效整合科技创新资源、如何构建适应科技创新的课程体系、如何培养具备跨学科知识和创新能力的教师等。未来，我们需要进一步加强科技创新与创新创业教育的深度融合，探索更加灵活、高效的教学模式和方法。同时，我们还需要加强国际交流与合作，借鉴国际先进经验，推动创新创业教育的国际化发展。

科技创新是推动创新创业教育模式变革的重要动力。在科技创新的引领下，创新创业教育的理念、内容、模式和师资力量都得到了更新和提升。未来，随着科技的不断进步和创新能力的不断提升，我们相信创新创业教育的模式变革将继续深化，为培养更多具有创新精神和创业能力的人才做出更大的贡献。

三、科技创新对创新创业人才培养的促进作用

（一）概述

在全球化与科技迅猛发展的时代背景下，创新创业人才的培养已成为国家竞争力提升和经济社会发展的重要支撑。科技创新作为推动社会进步的核心力量，对于创新创业人才的培养具有不可替代的促进作用。下面将深入探讨科技创新如何有效推动创新创业人才的培养，以期为我国高等教育及人才培养提供有益的思考和借鉴。

（二）科技创新激发创新创业人才的创新意识

科技创新以其独特的魅力和价值，不断激发着创新创业人才的创新意识。一方面，科技创新所带来的新技术、新产品和新服务，为人们提供了更加便捷、高效的生活方式，同时也为创新创业人才提供了广阔的发挥空间。他们可以从科技创新中寻找灵感，发掘市场需求，创造出更多具有创新性和实用性的产品或服务。另一方面，科技创新的不断推进，要求创新创业人才具备更加敏锐的观察力和判断力，能够及时发现和把握创新机会，从而推动创新的不断深入。

（三）科技创新提供创新创业人才的技术支持

科技创新为创新创业人才提供了强大的技术支持。一方面，科技创新的成果，如人工智能、大数据、云计算等先进技术，为创新创业人才提供了更加高效、精准的工具和手段，使他们能够更好地解决创新过程中的技术难题。另一方面，科技创新的推进也促进了产学研用深度融合，使得创新创业人才能够更便捷地获取最新的科研成果和技术支

持，从而加速创新成果的转化和应用。

（四）科技创新促进创新创业人才的实践能力提升

科技创新强调实践性和应用性，为创新创业人才提供了丰富的实践机会。通过参与科研项目、创新创业实践等活动，创新创业人才可以将理论知识与实际应用相结合，不断提升自己的实践能力。同时，科技创新过程中的团队协作、项目管理等经验，也有助于培养创新创业人才的团队协作能力和管理能力，为其未来的创新创业之路奠定坚实的基础。

（五）科技创新推动创新创业人才培养模式的创新

科技创新不仅激发创新意识、提供技术支持、提升实践能力，还推动创新创业人才培养模式的创新。传统的教育模式往往注重知识的传授和技能的训练，而忽视了对学生创新精神和创业能力的培养。然而，在科技创新的推动下，教育模式开始发生变革，越来越多的高校开始注重培养学生的创新思维和创业能力。他们通过引入创新创业课程、开展创新创业实践、建立创新创业导师制度等方式，为学生提供更加全面、系统的创新创业教育。这些新的教育模式不仅有助于培养学生的创新精神和创业能力，还有助于提升他们的综合素质和竞争力。

（六）科技创新拓宽创新创业人才的国际视野

科技创新的全球化趋势使得创新创业人才必须具备国际视野和跨文化交流能力。科技创新的跨国合作和交流为创新创业人才提供了了解国际前沿科技动态、学习国际先进创新理念的机会。通过参与国际科技合作项目、参加国际创新创业竞赛等活动，创新创业人才可以拓宽自己的国际视野，增强跨文化交流能力，从而在未来的创新创业道路上更具竞争力。

（七）科技创新优化创新创业人才的成长环境

科技创新还为创新创业人才营造了更加优越的成长环境。政府和社会各界对科技创新的重视和支持，为创新创业人才提供了更加丰富的政策支持和资源保障。同时，科技创新的推进也促进了社会创新氛围的形成，使得创新创业成为越来越多人的职业选择和生活方式。这种良好的成长环境有助于激发创新创业人才的积极性和创造力，推动他们在创新创业的道路上不断前行。

（八）挑战与展望

虽然科技创新对创新创业人才的培养起到了积极的促进作用，但也存在一些挑战。例如，如何确保科技创新与人才培养的紧密结合、如何构建适应科技创新需求的创新创业人才培养体系、如何培养既具备创新精神又具备实践能力的复合型人才等。未来，我们需要进一步加强科技创新与人才培养的深度融合，优化创新创业人才的培养模式和环境，提升创新创业人才的综合素质和竞争力。

科技创新对创新创业人才的培养具有深远的促进作用。它不仅能够激发创新意识、提供技术支持、提升实践能力，还能够推动人才培养模式的创新、拓宽国际视野、优化成长环境。因此，我们应该充分利用科技创新的力量，加强创新创业人才的培养工作，为我国经济社会的发展提供有力的人才支撑。同时，我们也需要关注科技创新带来的挑战和问题，不断完善和优化创新创业人才培养体系，为创新创业人才的成长创造更加良好的条件。

第二节　信息技术在创新创业教育中的作用

一、信息技术提升创新创业教育的效率与质量

（一）概述

在当今信息爆炸的时代，信息技术以其强大的功能和广泛的应用，对各行各业产生了深远的影响。在创新创业教育领域，信息技术的运用不仅提升了教育的效率，还显著提高了教育的质量。下面将从多个方面探讨信息技术如何提升创新创业教育的效率与质量，以期为相关领域的实践和发展提供有益的参考。

（二）信息技术优化创新创业教育的资源配置

信息技术通过优化资源配置，有效提升了创新创业教育的效率。首先，在线教育平台的兴起使得优质的教育资源得以共享，打破了地域限制，让更多人能够接触到优秀的创新创业课程。其次，信息技术使得教育者能够更加方便地获取和整理教学资源，提高了教学准备的效率。此外，信息技术还可以帮助教育者对学生的学习情况进行实时监控和数据分析，从而更精准地调整教学策略，提高教学效果。

（三）信息技术丰富创新创业教育的教学手段

信息技术为创新创业教育提供了丰富多样的教学手段，进一步提高了教育的质量。一方面，通过虚拟现实（VR）、增强现实（AR）等技术，教育者可以创建逼真的创业场景，让学生在模拟环境中进行实践操作，从而提升他们的实践能力和问题解决能力。另一方面，信息技术也使得在线协作、在线讨论等学习方式成为可能，有助于学生之间的交流和合作，培养他们的团队协作精神和沟通能力。

（四）信息技术提升创新创业教育的个性化程度

信息技术能够根据每个学生的特点和需求，提供个性化的学习方案，从而进一步提升创新创业教育的质量。通过大数据分析和人工智能等技术，教育者可以对学生的学习

进度、兴趣点、能力水平等进行深入分析，为每个学生制订专属的学习计划。这种个性化的教学方式不仅能够更好地满足学生的需求，还能够激发他们的学习兴趣和积极性，提高学习效果。

（五）信息技术促进创新创业教育的实践与创新

信息技术不仅提升了创新创业教育的效率和个性化程度，还促进了教育的实践与创新。一方面，信息技术使得教育者能够更加方便地获取和分享最新的创业案例和实践经验，为学生提供更加贴近实际的学习内容。另一方面，信息技术也为学生提供了更多的实践和创新机会。例如，学生可以利用信息技术进行市场调研、产品开发、营销推广等创业活动，从而在实践中锻炼自己的创业能力。

（六）信息技术推动创新创业教育的国际化发展

信息技术还促进了创新创业教育的国际化发展。通过在线教育平台和国际合作项目，学生可以接触到来自不同国家和地区的创新创业理念和实践经验，拓宽自己的国际视野。同时，教育者也可以借助信息技术与国际同行进行交流和合作，共同推动创新创业教育的发展。

（七）挑战与展望

虽然信息技术在提升创新创业教育的效率与质量方面发挥了重要作用，但也面临着一些挑战。例如，如何确保信息技术的安全性和稳定性、如何有效整合线上线下教育资源、如何培养学生的信息素养和创新能力等。未来，我们需要进一步探索和完善信息技术在创新创业教育中的应用模式和方法，以应对这些挑战并推动教育的持续发展。

综上所述，信息技术在提升创新创业教育的效率与质量方面发挥着不可替代的作用。通过优化资源配置、丰富教学手段、提升个性化程度、促进实践与创新以及推动国际化发展等方面的工作，信息技术为创新创业教育的改革和发展提供了有力的支持。未来，随着信息技术的不断发展和创新，我们有理由相信它在创新创业教育领域的应用将更加广泛和深入，为培养更多具有创新精神和实践能力的创业人才做出更大的贡献。

二、信息技术拓展创新创业教育的空间与渠道

（一）概述

随着信息技术的迅猛发展，其在各个领域的应用日益广泛，特别是在教育领域，信息技术正以前所未有的方式拓展着创新创业教育的空间与渠道。信息技术不仅为创新创业教育提供了丰富的教育资源和教学手段，还为学生提供了更加广阔的实践平台和创新空间。下面将从多个方面探讨信息技术如何拓展创新创业教育的空间与渠道，以期为相关领域的实践和发展提供有益的参考。

（二）信息技术打破传统教育空间的限制

传统的创新创业教育往往受限于固定的教室和校园，而信息技术的引入则打破了这一限制。在线教育平台的兴起使得创新创业课程可以随时随地进行，学生只需通过网络即可获取到优质的教育资源。这种灵活的学习方式不仅满足了学生个性化的学习需求，还使得更多人能够接触到创新创业教育，从而扩大了教育的受众范围。

此外，信息技术还为创新创业教育的国际合作与交流提供了便利。通过视频会议、在线协作等工具，不同国家和地区的教育者可以轻松地进行跨国合作，共同开展创新创业课程和活动。这种国际合作不仅有助于引入国外先进的创新创业理念和实践经验，还能够推动国内创新创业教育的国际化发展。

（三）信息技术丰富创新创业教育的渠道与形式

信息技术为创新创业教育提供了多样化的教学渠道和形式，使得教育过程更加生动有趣、富有成效。在线教育平台可以提供视频课程、在线测试、互动讨论等多种功能，使得学习过程更加灵活多样。同时，VR、AR等技术也可以被引入到创新创业教育中，为学生创建逼真的创业场景和模拟环境，让他们在模拟实践中提升创新创业能力。

此外，信息技术还可以通过社交媒体、在线论坛等渠道，为学生提供更加广泛的交流与学习平台。学生可以在这些平台上分享自己的创业想法、经验和成果，与同龄人、创业者、专家等进行互动与交流，从而拓展自己的视野和思路。

（四）信息技术拓展创新创业教育的实践平台

信息技术为创新创业教育的实践环节提供了更加广阔的平台。通过云计算、大数据等技术，学生可以更加方便地获取市场信息、分析用户需求、优化产品设计等，为创业实践提供有力支持。同时，在线教育平台还可以为学生提供创业项目展示、融资对接等功能，帮助他们将创业想法转化为实际项目，并吸引投资者的关注和支持。

此外，信息技术还可以帮助学生建立自己的创业团队和网络。通过在线协作工具、社交媒体等渠道，学生可以轻松地与志同道合的伙伴建立联系，共同开展创业活动。这种团队合作不仅可以提升创业成功的概率，还能够培养学生的团队协作精神和沟通能力。

（五）信息技术促进创新创业教育的个性化发展

信息技术可以根据每个学生的特点和需求，为他们提供个性化的创新创业教育方案。通过大数据分析和智能推荐等技术，教育者可以深入了解学生的学习习惯、兴趣爱好、能力水平等，为他们推荐合适的课程和资源，制订个性化的学习计划。这种个性化的教育方式能够更好地满足学生的需求，激发他们的学习兴趣和积极性，提高学习效果。

同时，信息技术还可以帮助学生进行自我评估和提升。通过在线测试、数据分析等工具，学生可以及时了解自己的学习情况和进步情况，找出自己的不足和需要改进的地方，从而有针对性地提升自己的创新创业能力。

（六）挑战与展望

虽然信息技术在拓展创新创业教育的空间与渠道方面发挥了重要作用，但也面临着一些挑战。例如，如何确保在线教育平台的质量和安全性、如何有效整合线上线下教育资源、如何培养学生的信息素养和创新能力等。未来，我们需要进一步探索和完善信息技术在创新创业教育中的应用模式和方法，以应对这些挑战并推动教育的持续发展。

同时，我们还需要关注信息技术发展的最新趋势和前沿技术，如人工智能、区块链等，并尝试将其引入到创新创业教育中。这些新技术将为创新创业教育带来更多的可能性和机遇，有望进一步提升教育的效率和质量。

综上所述，信息技术在拓展创新创业教育的空间与渠道方面发挥着不可替代的作用。它打破了传统教育空间的限制，丰富了教育的渠道与形式，拓展了实践平台，促进了个性化发展。未来，随着信息技术的不断发展和创新，我们有理由相信它在创新创业教育领域的应用将更加广泛和深入，为培养更多具有创新精神和实践能力的创业人才做出更大的贡献。

三、信息技术在创新创业实践中的应用与创新

（一）概述

在当今信息化社会，信息技术已经渗透到各个行业和领域，成为推动社会进步和发展的重要力量。在创新创业实践中，信息技术的应用与创新不仅提升了创业效率，还为创业者提供了更广阔的市场和更多的机会。下面将从多个方面探讨信息技术在创新创业实践中的应用与创新，以期为相关领域的实践者提供有益的参考和启示。

（二）信息技术在市场调研与分析中的应用

市场调研与分析是创新创业实践中不可或缺的一环。信息技术的发展使得市场调研更加便捷和高效。通过大数据分析、数据挖掘等技术，创业者可以轻松地获取大量的市场数据，并对这些数据进行深度分析，从而了解市场需求、竞争态势等信息。此外，社交媒体、在线论坛等平台也为创业者提供了与潜在用户直接互动的机会，有助于他们更好地了解用户需求和反馈。

（三）信息技术在产品设计与开发中的应用

产品设计与开发是创新创业实践的核心环节。信息技术在产品设计与开发中的应用，极大地提升了产品的创新性和竞争力。通过计算机辅助设计（CAD）、虚拟现实

（VR）等技术，创业者可以更加直观地展示产品设计方案，提高设计效率和质量。同时，云计算、物联网等技术也为产品的智能化、网络化提供了有力支持，使得产品更加符合现代消费者的需求。

（四）信息技术在营销与推广中的应用

营销与推广是创新创业实践中实现商业价值的关键环节。信息技术的应用使得营销与推广更加精准和高效。通过搜索引擎优化（SEO）、社交媒体营销等手段，创业者可以将自己的产品或服务推广给更多的潜在客户。同时，大数据分析等技术也可以帮助创业者更好地了解用户行为和偏好，制定更加精准的营销策略。

（五）信息技术在融资与投资中的应用

融资与投资是创新创业实践中不可或缺的一环。信息技术的应用使得融资与投资更加便捷和透明。通过在线融资平台、股权众筹等方式，创业者可以更加广泛地吸引投资者的关注和支持。同时，大数据分析等技术也可以帮助投资者更好地评估创业项目的风险和潜力，做出更加明智的投资决策。

（六）信息技术在创新创业实践中的创新应用

除了上述应用外，信息技术在创新创业实践中还有许多创新性的应用。例如，人工智能技术在创业项目筛选、风险评估等方面的应用，可以帮助创业者更加准确地识别有价值的创业机会；区块链技术在供应链管理、知识产权保护等方面的应用，可以为创业者提供更加安全、透明的商业环境；物联网技术在智能家居、智慧城市等领域的应用，可以为创业者提供新的商业模式和增长点。

（七）挑战与展望

虽然信息技术在创新创业实践中的应用与创新取得了显著成果，但也面临着一些挑战。例如，数据安全与隐私保护问题、技术更新与迭代的速度问题、人才短缺与培养问题等。未来，我们需要进一步加强信息技术在创新创业实践中的研究与应用，不断完善和创新信息技术手段，提高其在创新创业实践中的效率和效果。同时，我们也需要加强人才培养和引进工作，培养更多具有信息技术背景和创新创业精神的人才，为创新创业实践提供有力的人才保障。

综上所述，信息技术在创新创业实践中的应用与创新具有重要的现实意义和深远影响。它不仅提升了创业效率和市场竞争力，还为创业者提供了更多的机会和可能性。未来，随着信息技术的不断发展和创新，我们有理由相信它在创新创业实践中的应用将更加广泛和深入，并为培养更多具有创新精神和实践能力的创业人才做出更大的贡献。

同时，我们也应该意识到，信息技术的应用只是创新创业实践中的一个工具或手段，真正的成功还需要依赖于创业者的创新思维、市场洞察力、团队协作能力等多方面的素质和能力。因此，在推动信息技术在创新创业实践中的应用与创新的同时，我们也需要注重培养创业者的综合素质和能力，为他们提供更加全面和有效的支持和帮助。

第三节 科技创新与信息技术的融合应用

一、科技创新与信息技术在创新创业教育中的协同作用

（一）概述

随着科技的不断进步和创新，信息技术已成为推动社会发展的重要力量。在创新创业教育中，科技创新与信息技术的协同作用日益凸显，为培养具备创新精神和创业能力的人才提供了强大的支撑。下面将从多个维度探讨科技创新与信息技术在创新创业教育中的协同作用，以期为该领域的实践与发展提供有益参考。

（二）科技创新引领创新创业教育的变革

科技创新作为社会发展的重要驱动力，为创新创业教育的变革提供了源源不断的动力。

一方面，科技创新推动了教育理念的更新。传统的教育理念注重知识的灌输和技能的训练，而科技创新则强调培养学生的创新思维和实践能力。这种理念的转变使得创新创业教育更加注重学生的主体性和实践性，培养了学生的创新精神和创业能力。

另一方面，科技创新为创新创业教育提供了丰富的教学资源和手段。通过引入最新的科技成果和创新方法，教师可以为学生提供更加生动、直观的教学体验，激发学生的学习兴趣和积极性。同时，科技创新还催生了新的教学模式和方法，如在线教育、虚拟现实教学等，使得创新创业教育更加灵活多样，满足了学生个性化的学习需求。

（三）信息技术提升创新创业教育的效率与质量

信息技术在创新创业教育中发挥着举足轻重的作用，有效提升了教育的效率和质量。

（1）信息技术为创新创业教育的资源共享和协作提供了便利。通过在线教育平台、云计算等技术，教育者可以轻松地获取和分享优质的教育资源，实现了教育资源的优化配置和共享。同时，信息技术还使得教育者之间的协作更加紧密，推动了创新创业教育的国际化发展。

（2）信息技术为创新创业教育的个性化教学提供了可能。通过大数据分析、智能推荐等技术，教育者可以深入了解每个学生的学习特点和需求，为他们制订个性化的学习计划和教学策略。这种个性化的教学方式能够更好地满足学生的需求，激发他们的学

习兴趣和积极性，提高学习效果。

（3）信息技术还为创新创业教育的实践环节提供了有力支持。通过模拟软件、虚拟现实等技术，学生可以在虚拟环境中进行创业实践，积累创业经验。这种实践方式不仅降低了创业风险，还提高了学生的实践能力和创新意识。

（四）科技创新与信息技术的协同作用促进创新创业教育的发展

科技创新与信息技术的协同作用在创新创业教育中发挥着关键作用。

一方面，科技创新为信息技术在创新创业教育中的应用提供了源源不断的创新动力和技术支持。随着新技术的不断涌现，信息技术在创新创业教育中的应用范围不断拓宽，应用效果也不断提升。

另一方面，信息技术为科技创新在创新创业教育中的推广和应用提供了高效、便捷的平台和工具。通过信息技术手段，科技创新成果可以更加快速地传播和应用于教育实践中，推动创新创业教育的创新和发展。

这种协同作用不仅提升了创新创业教育的效率和质量，还促进了教育公平和普及。通过信息技术手段，优质的教育资源可以更加广泛地传播和共享，使得更多地区和人群能够享受到高质量的创新创业教育。

（五）挑战与展望

尽管科技创新与信息技术在创新创业教育中的协同作用取得了显著成效，但仍面临一些挑战。首先，如何有效整合科技创新与信息技术资源，实现教育资源的优化配置和共享，是一个亟待解决的问题。其次，如何培养具备科技创新和信息素养的教师队伍，也是推动创新创业教育发展的关键。此外，随着技术的不断发展，如何保持教育内容与技术的同步更新，也是一个需要关注的问题。

展望未来，随着科技创新与信息技术的不断发展，它们在创新创业教育中的协同作用将更加突出。我们期待看到更多新技术、新应用的出现，为创新创业教育带来更多的可能性和机遇。同时，我们也希望看到更多的教育者、研究者和实践者积极参与到这一领域中来，共同推动创新创业教育的创新和发展。

科技创新与信息技术在创新创业教育中发挥着不可或缺的协同作用。它们共同推动了创新创业教育的变革和发展，提升了教育的效率和质量，培养了学生的创新精神和创业能力。面对未来的挑战和机遇，我们应该充分发挥科技创新与信息技术的优势，加强资源整合和师资培养，推动创新创业教育的持续创新和发展。

总之，科技创新与信息技术的协同作用为创新创业教育注入了新的活力和动力。我们有理由相信，在双方的共同推动下，创新创业教育将迎来更加美好的未来，为培养更多具有创新精神和实践能力的创业人才做出更大的贡献。

二、融合应用案例分析与经验总结

（一）概述

随着科技创新的飞速发展和信息技术的广泛应用，其在创新创业教育中的融合应用日益受到关注。下面将通过具体案例分析，探讨科技创新与信息技术在创新创业教育中的协同实践，并总结相关经验，以期为相关领域的教育者和实践者提供有益的参考。

（二）案例分析

案例一：智能教学平台助力创新创业教学。

某高校引入了一款智能教学平台，该平台融合了大数据、云计算、人工智能等先进信息技术，为创新创业教学提供了强有力的支持。通过平台，教师可以方便地制作和发布教学资源，学生则可以根据自身需求进行自主学习和互动交流。同时，平台还提供了创业模拟、项目评估等功能，帮助学生更好地了解创业过程和风险。

该案例的成功之处在于，智能教学平台充分发挥了信息技术的优势，为创新创业教学提供了高效、便捷的工具。同时，平台还通过数据分析、智能推荐等功能，实现了个性化教学，提高了教学效果。

案例二：科技创新竞赛推动学生创新创业实践。

某高校举办了一场以科技创新为主题的创新创业竞赛，旨在激发学生的创新精神和创业热情。竞赛涵盖了多个领域，包括人工智能、物联网、生物科技等。参赛学生需要在规定时间内完成项目的策划、设计和实施，并接受评委的评审和观众的提问。

该案例的成功之处在于其通过科技创新竞赛的形式，为学生提供了一个展示自己创新能力和创业想法的平台。同时，竞赛还促进了学生之间的交流和合作，培养了他们的团队协作能力和创新精神。

（三）经验总结

1. 注重技术创新与教育教学的深度融合

在融合应用科技创新与信息技术进行创新创业教育的过程中，应注重技术创新与教育教学的深度融合。这包括将最新的科技成果和创新方法引入到教育教学中，利用信息技术手段优化教学过程，提高教学效果。同时，还需要关注学生的学习需求和特点，为他们提供个性化的学习资源和支持。

2. 强化实践环节，提升学生创新创业能力

创新创业教育的核心在于培养学生的创新精神和创业能力。因此，在融合应用过程中，应强化实践环节，为学生提供更多的创业实践机会和平台。例如，可以通过开展创业模拟、项目实践等活动，让学生在实践中积累经验、锻炼能力。此外，还可以与企业

合作，共同开展创新创业项目，为学生提供更广阔的实践空间。

3. 加强师资培训，提升教师信息素养和创新能力

教师是创新创业教育的关键力量。在融合应用科技创新与信息技术的过程中，应加强师资培训，提升教师的信息素养和创新能力。这包括培训教师掌握最新的信息技术工具和教学方法，培养他们的创新精神和创业意识。同时，还需要鼓励教师积极参与科研和实践活动，提升他们的专业素养和实践能力。

4. 建立完善的评价体系，促进创新创业教育的持续发展

为了促进创新创业教育的持续发展，需要建立完善的评价体系。这包括制定科学的评价标准和方法，对学生的学习成果、教师的教学质量以及创新创业教育的整体效果进行全面评价。同时，还需要根据评价结果及时调整教学策略和资源配置，不断优化创新创业教育的环境和条件。

通过案例分析和经验总结，我们可以看到科技创新与信息技术在创新创业教育中的协同实践具有重要意义。它们不仅提升了创新创业教育的效率和质量，还培养了学生的创新精神和创业能力。然而，我们也应认识到，融合应用科技创新与信息技术进行创新创业教育仍面临诸多挑战和机遇。

未来，我们应继续深化科技创新与信息技术在创新创业教育中的融合应用，探索更多有效的教育模式和教学方法。同时，我们还应加强国际合作与交流，借鉴国际先进经验和技术成果，推动创新创业教育的国际化发展。相信在双方的共同努力下，创新创业教育将迎来更加美好的未来。

第七章　大学生创新创业教育评价体系的构建

第一节　创新创业教育评价的基本原则

一、客观性与公正性原则

（一）概述

在创新创业教育的实践中，客观性与公正性原则的贯彻与实施，对于确保教育公平、提高教学质量、推动创新创业教育的健康发展具有重要意义。客观性原则要求我们在教育过程中尊重事实、遵循规律，以客观的态度和科学的方法开展教育教学活动；公正性原则则强调在评价、选拔和资源分配等方面要公平、公正，确保每个学生都能享有平等的教育机会。下面将围绕客观性与公正性原则，探讨其在创新创业教育中的体现与实践。

（二）客观性原则在创新创业教育中的体现

1. 教学内容与方法的客观性

在创新创业教育中，教学内容的选择与教学方法的运用应遵循客观性原则。教学内容应基于创新创业领域的最新研究成果和实践经验，避免主观臆断和偏见。教学方法应注重培养学生的创新思维和实践能力，采用案例分析、项目实践等客观性强的教学方式，使学生在实际操作中掌握创新创业知识和技能。

2. 教育评价与反馈的客观性

教育评价和反馈是检验教育质量的重要手段。在创新创业教育中，评价标准和反馈机制应客观公正，能够真实反映学生的学习成果和能力水平。评价过程应公开透明，避免主观因素的干扰；反馈内容应具体明确，能够帮助学生了解自己的优点和不足，从而有针对性地改进和提高。

（三）公正性原则在创新创业教育中的实践

1. 教育资源的公正分配

教育资源的公正分配是实现教育公平的关键。在创新创业教育中，应确保每个学生都能享有平等的教育资源，包括教学设施、师资力量、实践机会等。同时，还应关注不同学生群体的需求差异，为弱势群体提供更多的支持和帮助，确保他们在创新创业教育中能够获得平等的发展机会。

2. 教育机会的公正选拔

教育机会的公正选拔对于激发学生的积极性和创造力具有重要意义。在创新创业教育中，应通过公正、公开的选拔机制，选拔出具有创新精神和创业潜力的学生，为他们提供更多的实践机会和展示平台。同时，还应避免选拔过程中的不公平现象，确保每个学生都有机会展示自己的才能和潜力。

（四）客观性与公正性原则的实践挑战与对策

尽管客观性与公正性原则在创新创业教育中具有重要意义，但在实际操作中仍面临着诸多挑战。例如，教学内容与方法的选择可能受到教师个人偏好和主观因素的影响；教育评价与反馈可能受到评价标准不统一、评价过程不透明等问题的困扰；教育资源的分配可能受到地域、经济等客观条件的制约；教育机会的选拔可能受到信息不对称、权力寻租等问题的干扰。

为了克服这些挑战，我们需要采取一系列对策。首先，加强师资队伍建设，提高教师的专业素养和客观公正意识。其次，完善教育评价与反馈机制，确保评价过程的公开透明和反馈内容的客观具体。再次，优化教育资源配置，提高资源利用效率，确保每个学生都能享有平等的教育资源。最后，建立健全教育机会选拔制度，确保选拔过程的公正性和透明度。

客观性与公正性原则是创新创业教育中不可或缺的基本原则。通过贯彻实施这些原则，我们可以确保教育公平、提高教学质量、推动创新创业教育的健康发展。然而，实现这一目标并非易事，需要我们不断努力和探索。未来，我们应继续加强研究和实践，不断完善客观性与公正性原则在创新创业教育中的应用和实施机制，为培养更多具有创新精神和创业能力的优秀人才做出更大的贡献。

同时，我们还应关注创新创业教育的国际化趋势，借鉴国际先进经验和技术成果，推动客观性与公正性原则在国际范围内的交流与融合。通过加强国际合作与交流，我们可以共同推动创新创业教育的创新与发展，为构建人类命运共同体贡献智慧和力量。

在创新创业教育的道路上，客观性与公正性原则是我们必须坚守的底线和原则。只有确保教育的客观性和公正性，才能培养出真正具有创新精神和创业能力的优秀人才，为社会的进步和发展注入源源不断的动力。

二、全面性与系统性原则

（一）概述

在当今快速发展的时代，创新创业教育作为培养创新型人才的重要途径，其全面性和系统性的实践原则显得尤为重要。全面性原则要求我们在教育过程中兼顾各个方面，确保教育的完整性和广度；系统性原则则强调教育活动的有序性和整体性，以实现教育目标的高效达成。下面将围绕全面性与系统性原则，深入探讨其在创新创业教育中的实践与探索。

（二）全面性原则在创新创业教育中的实践

1. 教育内容的全面性

创新创业教育的内容应涵盖创新思维、创业技能、市场动态、法律法规等多个方面。在教育过程中，我们不仅要注重知识的传授，更要关注学生的能力培养和素质提升。通过构建多元化的课程体系，我们可以确保学生在掌握基础理论知识的同时，也能获得实际操作和解决问题的能力。

2. 教育对象的全面性

创新创业教育应面向全体学生，不分专业、年级和性别。通过开设选修课程、举办创新创业竞赛、建立创新创业实践基地等方式，我们可以为不同背景的学生提供多样化的教育机会。同时，我们还应关注特殊群体的需求，如残疾学生、贫困学生等，为他们提供个性化的教育支持。

3. 教育方式的全面性

创新创业教育应采用多种教育方式相结合的方法，包括课堂讲授、案例分析、项目实践、企业实习等。通过多样化的教育方式，我们可以激发学生的学习兴趣和积极性，培养他们的自主学习和合作学习能力。同时，我们还应注重线上线下的融合，利用现代信息技术手段拓展教育空间和时间。

（三）系统性原则在创新创业教育中的探索

1. 教育目标的系统性

创新创业教育的目标应包括知识掌握、能力培养、素质提升等多个层面。在设定教育目标时，我们需要充分考虑学生的实际需求和社会发展的要求，确保教育目标的系统性和前瞻性。同时，我们还应根据教育目标制订相应的教学计划和评价标准，以确保教育目标的实现。

2. 教育过程的系统性

创新创业教育过程应是一个循序渐进、逐步深入的过程。从基础知识的讲解到实践技能的培养，从创新思维的激发到创业计划的制定，每一个环节都应紧密相连、相互支撑。通过构建系统性的教育过程，我们可以帮助学生逐步建立起完整的创新创业知识体系和能力结构。

3. 教育资源的系统性

创新创业教育的实施需要整合校内外各种教育资源。这包括师资力量、教学设施、实践基地、企业合作等多个方面。通过构建系统性的教育资源体系，我们可以为学生提供丰富多样的学习机会和实践平台。同时，我们还应加强校际合作和区域合作，共享优质教育资源，推动创新创业教育的协同发展。

（四）全面性与系统性原则的实践挑战与应对策略

尽管全面性与系统性原则在创新创业教育中具有重要意义，但在实际操作中仍面临着诸多挑战。例如，教育资源的有限性可能限制了教育内容的全面性和教育方式的多样性；学生需求的多样性可能使得教育目标的设定和教育过程的实施更加复杂；社会环境的快速变化也可能对创新创业教育的系统性提出更高的要求。

为了应对这些挑战，我们需要采取一系列策略。首先，加强教育资源的整合和优化配置，提高教育资源的利用效率。其次，关注学生的个性化需求和学习特点，制订差异化的教育方案。再次，加强与社会各界的合作与交流，及时了解和适应社会发展的新需求。最后，不断完善教育评价和反馈机制，确保教育质量的持续提升。

综上所述，全面性与系统性原则在创新创业教育中具有重要的实践意义。通过贯彻实施这些原则，我们可以为学生提供更加全面、系统的教育支持，培养他们的创新精神和创业能力。同时，我们也需要不断面对和应对实践中的挑战，不断完善和优化教育策略和方法。相信在全社会的共同努力下，我们能够推动创新创业教育的蓬勃发展，为培养更多优秀的创新型人才做出积极的贡献。

三、动态性与发展性原则

（一）概述

随着社会的快速变革和科技的不断进步，创新创业教育在高等教育体系中的地位日益凸显。在这个过程中，动态性与发展性原则的贯彻与实施显得尤为重要。动态性原则强调教育应随时代变化而不断调整和优化，以适应社会的发展需求；发展性原则则注重教育的长远规划和持续进步，以推动学生的全面发展。下面将围绕动态性与发展性原则，探讨其在创新创业教育中的探索与实践。

（二）动态性原则在创新创业教育中的体现

1.教育内容的动态更新

创新创业教育的内容需要紧跟时代步伐，不断吸收新的理念、技术和方法。随着新兴产业的崛起和市场需求的变化，创新创业教育应及时调整课程结构，更新教学内容，确保学生掌握的知识和技能与社会发展同步。例如，人工智能、大数据等技术的迅猛发展对创新创业提出了新的要求，教育者应及时将这些前沿技术融入课程中，帮助学生把握行业发展的脉搏。

2. 教育方法的动态调整

创新创业教育的方法应随着学生的特点和需求而不断变化。传统的教学方法可能无法充分激发学生的学习兴趣和积极性，因此需要探索更多元化、个性化的教育方式。例如，通过案例分析、项目实践、模拟创业等方式，让学生在实践中学习、在创新中成长。同时，教育者还应关注学生的学习反馈，及时调整教学策略，提高教学效果。

（三）发展性原则在创新创业教育中的实践

1. 教育目标的长期规划

创新创业教育的目标应着眼于学生的长远发展和社会进步。在制定教育目标时，需要充分考虑学生的职业发展需求和社会对创新型人才的需求，确保教育目标既符合学生个人发展的需要，又能为社会的发展做出贡献。同时，教育目标应具有前瞻性和可持续性，能够引导学生不断追求进步和创新。

2. 教育资源的持续发展

创新创业教育的实施需要丰富的教育资源支持。为了实现教育资源的持续发展，需要加大投入力度，提升教育设施、师资力量和实践基地等方面的建设水平。同时，还应加强校企合作、产学研结合等方式，拓展教育资源的来源和渠道，为学生提供更多优质的创新创业实践机会。

（四）动态性与发展性原则的实践挑战与对策

在创新创业教育的实践中，贯彻动态性与发展性原则面临着诸多挑战。

首先，教育内容的动态更新需要教育者具备敏锐的洞察力和前瞻性思维，能够准确把握行业发展的趋势和市场需求的变化。然而，由于教育者自身的知识结构和经验限制，可能难以做到及时更新和优化教育内容。对此，我们可以通过加强师资培训、引入行业专家等方式提升教育者的专业素养和创新能力。

其次，教育方法的动态调整需要教育者关注学生的个性化需求和学习特点，制订更加贴合学生实际的教学方法。然而，由于学生群体的多样性和复杂性，教育者可能难以做到因材施教。为此，我们可以借助现代信息技术手段，如大数据分析、人工智能等，对学生的学习行为和特点进行深入分析，为教育者提供更加精准的教学建议。

此外，教育目标的长期规划和教育资源的持续发展需要学校和社会各方面的共同努力和支持。学校应加强对创新创业教育的重视和投入，制订科学的发展规划和实施方案；社会应营造良好的创新创业氛围和文化环境，为创新创业教育的发展提供有力保障。

动态性与发展性原则是创新创业教育中不可或缺的重要原则。通过贯彻实施这些原则，我们可以确保教育内容的时效性和前瞻性，提升教育方法的针对性和有效性，实现教育目标的长期性和可持续性。同时，我们也需要不断面对和解决实践中的挑战和问题，推动创新创业教育的不断创新和发展。相信在全社会的共同努力下，我们能够培养出更多具有创新精神和实践能力的优秀人才，为社会的繁荣和发展做出积极贡献。

第二节　评价指标的设立与优化

一、基于创新创业过程的评价指标设计

（一）概述

创新创业过程是一个复杂且动态的系统，涉及多个环节和因素。为了有效地评估创新创业项目的质量和效果，需要设计一套科学、合理的评价指标。这些指标不仅能够反映创新创业项目的实际情况，还能为项目的发展提供有益的参考和指导。下面将从创新创业过程的角度出发，探讨评价指标的设计原则和具体指标内容。

（二）评价指标设计原则

1. 全面性原则

评价指标应覆盖创新创业过程的各个环节和方面，确保评价的全面性和客观性。

2. 可操作性原则

评价指标应具有可测量性和可操作性，便于数据的收集和分析。

3. 动态性原则

创新创业过程是一个动态变化的过程，评价指标应能够反映这种变化，具有一定的灵活性和适应性。

4. 重要性原则

评价指标应突出创新创业过程中的关键因素和重点环节，确保评价的针对性和有效性。

（三）基于创新创业过程的评价指标设计

1. 创意与策划阶段

（1）创意新颖性。评估项目创意的独特性和新颖程度，判断其是否具有市场潜力和竞争优势。

（2）策划合理性。评估项目策划的完整性和合理性，包括市场调研、产品定位、商业模式等方面的内容。

（3）团队能力。评估团队成员的专业背景、技能和经验，以及团队协作能力，确

保项目能够顺利实施。

2. 资源获取与整合阶段

（1）资金筹措能力。评估项目团队的资金筹措能力，包括自筹资金、政府补贴、风险投资等方面的来源。

（2）资源整合能力。评估项目团队在资源整合方面的能力，包括技术、人才、市场等资源的获取和配置。

（3）合作伙伴关系。评估项目团队与合作伙伴的关系建立和维护情况，包括供应商、客户、渠道商等合作伙伴的选择和合作方式。

3. 产品开发与市场推广阶段

（1）产品开发进度。评估项目产品开发的进度和效率，确保产品能够按时交付并满足市场需求。

（2）市场推广效果。评估项目市场推广的效果和影响力，包括品牌知名度、市场占有率、客户满意度等方面的指标。

（3）技术创新性。评估项目在技术创新方面的表现，包括技术研发投入、专利申请、核心技术等方面的情况。

4. 运营管理与风险控制阶段

（1）运营管理能力。评估项目团队的运营管理能力，包括生产管理、财务管理、人力资源管理等方面的内容。

（2）风险控制能力。评估项目团队在风险控制方面的能力和措施，包括市场风险、技术风险、财务风险等方面的应对策略。

（3）持续发展能力。评估项目的可持续发展潜力和前景，包括市场拓展、产品升级、盈利模式创新等方面的规划。

（四）评价指标权重设定与综合评价

在确定了具体的评价指标后，还需要根据项目的实际情况和重要性原则，为每个指标设定相应的权重。权重的设定可以通过专家咨询、问卷调查等方式进行。然后，根据收集到的数据，对每个指标进行评分，并根据权重进行加权求和，得出项目的综合评价结果。

综合评价结果可以直观地反映创新创业项目的整体水平和优劣势，为项目团队提供有针对性的改进建议和发展方向。同时，通过对比分析不同项目的评价结果，还可以发现行业内的优秀案例和成功经验，为其他创新创业项目提供借鉴和参考。

基于创新创业过程的评价指标设计是一个复杂而重要的任务。通过遵循全面性、可操作性、动态性和重要性等原则，设计出一套科学、合理的评价指标，可以有效地评估创新创业项目的质量和效果。然而，随着创新创业领域的不断发展和变化，评价指标也需要不断更新和完善。未来，我们可以进一步深入研究创新创业过程的内在规律和特点，探索更加精准、有效的评价指标和方法，为创新创业事业的发展提供更有力的支持。

此外，评价指标的设计还需要考虑到不同行业和领域的差异性。不同行业和领域的创新创业项目具有不同的特点和需求，因此在评价指标的设计上需要有所区别。未来，我们可以针对不同行业和领域进行更加深入的研究，制定出更加符合实际情况和行业特点的评价指标，以更好地推动创新创业事业的发展。

同时，评价指标的设定和应用也需要注重数据的真实性和可靠性。数据的收集和分析是评价指标应用的基础，如果数据不准确或存在偏差，那么评价结果也将失去意义。因此，我们需要建立完善的数据收集和分析体系，确保数据的真实性和可靠性，为评价指标的应用提供有力的保障。

总之，基于创新创业过程的评价指标设计是一项具有重要意义的工作。通过不断完善和优化评价指标，我们可以更好地评估创新创业项目的质量和效果，为项目团队提供有益的参考和指导，推动创新创业事业的持续健康发展。

二、针对创新创业成果的量化指标

（一）概述

创新创业成果是评价一个项目或团队创新创业能力的重要标准。为了客观、准确地衡量创新创业成果，需要设计一系列量化指标。这些指标不仅能够反映创新创业活动的实际效果，还能为项目或团队提供改进方向和优化建议。下面将从多个角度出发，探讨针对创新创业成果的量化指标设计。

（二）创新创业成果量化指标的设计原则

1. 客观性原则

指标应基于客观数据和信息，避免主观臆断和偏见。

2. 可操作性原则

指标应具有可测量性和可操作性，便于数据的收集和分析。

3. 全面性原则

指标应覆盖创新创业成果的多个方面，确保评价的全面性。

4. 重要性原则

指标应突出关键成果和核心价值，体现创新创业的核心竞争力。

（三）创新创业成果量化指标的具体内容

1. 经济效益指标

（1）营业收入：衡量项目或团队通过创新创业活动所获得的收入规模。

（2）利润增长率：反映项目或团队盈利能力的增长情况，体现创新创业活动的经济效益。

（3）投资回报率：评估创新创业投资的效果，衡量资金的利用效率。

2. 技术创新指标

（1）专利申请数量：体现项目或团队在技术创新方面的成果和实力。

（2）新产品开发数量：反映项目或团队在产品开发方面的创新能力和速度。

（3）技术转化率：衡量项目或团队将技术成果转化为实际生产力的能力。

3. 市场拓展指标

（1）市场份额增长率：反映项目或团队在市场拓展方面的成效和竞争力。

（2）客户满意度：评估项目或团队在提供产品或服务方面的客户满意度和口碑。

（3）合作伙伴数量：体现项目或团队在合作方面的能力和资源整合能力。

4. 团队成长指标

（1）团队成员数量增长率：反映项目或团队在人才吸引和团队建设方面的成果。

（2）团队成员培训次数：体现项目或团队在人才培养和团队建设方面的投入和重视程度。

（3）团队成员满意度：评估项目或团队在内部管理、激励机制等方面的表现，体现团队凝聚力和向心力。

5. 社会效益指标

（1）解决就业人数：反映项目或团队在解决社会就业问题方面的贡献。

（2）环保贡献度：评估项目或团队在环保方面的表现，体现其社会责任感。

（3）社会影响力：衡量项目或团队在社会上的知名度和影响力，反映其社会价值的实现程度。

（四）创新创业成果量化指标的应用与改进

1. 应用方面

在实际应用中，可以根据项目或团队的实际情况和目标，选择合适的量化指标进行评价。通过对这些指标的分析和比较，可以全面了解创新创业成果的实际情况和存在的问题，为项目或团队的决策提供有力支持。同时，还可以将量化指标与定性评价相结合，形成更加全面、客观的评价体系。

2. 改进方面

随着创新创业环境的不断变化和技术的不断进步，创新创业成果的量化指标也需要不断调整和完善。在改进过程中，应关注行业发展趋势和市场需求的变化，及时更新和调整指标内容；同时，还应注重指标的可操作性和可衡量性，确保数据的准确性和可靠性。此外，还可以借鉴其他成功项目的经验和做法，不断完善和优化创新创业成果的量化指标体系。

针对创新创业成果的量化指标设计是一个复杂而重要的任务。通过设计客观、可操作、全面且重要的量化指标，我们可以准确衡量创新创业活动的实际效果和价值。这些指标不仅有助于项目或团队了解自身在创新创业方面的优势和不足，还能为决策提供有力支持，推动创新创业活动的持续发展和优化。

然而，创新创业成果的量化指标设计并非一蹴而就的过程。随着创新创业环境的不断变化和技术的不断进步，我们需要不断更新和完善指标内容，确保其与时俱进、符合实际需求。同时，我们还应注重指标的可操作性和可衡量性，确保数据的准确性和可靠性。

展望未来，我们可以进一步探索和研究创新创业成果的量化指标设计。例如，可以引入更多先进的数据分析方法和工具，提高指标分析的准确性和效率；还可以加强与其他领域的合作与交流，借鉴其他领域的成功经验和方法，为创新创业成果的量化指标设计提供更多有益的参考和启示。

总之，针对创新创业成果的量化指标设计是一个具有重要意义的研究方向。通过不断完善和优化量化指标体系，我们可以更好地推动创新创业活动的发展和进步，为经济社会发展注入更多活力和动力。

三、评价指标的动态调整与优化机制

（一）概述

在创新创业过程中，评价指标的设定不仅关系到项目或团队绩效的衡量，更对项目的发展方向和策略调整产生深远影响。然而，随着市场环境、技术进步和团队发展的不断变化，原有的评价指标可能逐渐失去其有效性，甚至成为项目发展的阻碍。因此，建立一种评价指标的动态调整与优化机制，对于确保评价的准确性和时效性，推动项目的持续健康发展具有重要意义。

（二）评价指标动态调整与优化机制的必要性

1. 适应市场变化的需求

市场环境的变化是创新创业过程中不可忽视的因素。新的市场需求、竞争格局和政策环境都可能对项目的生存和发展产生重大影响。因此，评价指标需要随市场变化进行

动态调整，以确保项目能够及时捕捉市场机遇，应对市场挑战。

2. 反映技术进步的趋势

技术创新是创新创业的核心驱动力。随着技术的不断进步，项目的核心竞争力、产品特性和市场定位都可能发生变化。评价指标需要紧跟技术进步的步伐，及时反映这些变化，为项目团队提供准确的决策依据。

3. 匹配团队发展的阶段

项目团队的发展阶段不同，其关注点和发展目标也会有所差异。在初创期，团队可能更关注产品开发和市场推广；在成熟期，则可能更注重品牌建设和市场拓展。因此，评价指标需要根据团队发展的不同阶段进行动态调整，以更好地匹配团队的实际需求。

（三）评价指标动态调整与优化机制的设计原则

1. 灵活性原则

评价指标的动态调整与优化机制应具备足够的灵活性，能够根据不同的市场、技术和团队发展阶段进行快速调整。这要求机制的设计要充分考虑各种可能的变化因素，并制定相应的应对策略。

2. 可操作性原则

机制的设计应简单易行，便于项目团队进行实际操作。过于复杂的调整流程可能会增加团队的负担，降低调整的效率。因此，要确保机制的操作简便、流程清晰。

3. 有效性原则

动态调整与优化机制的核心目的是提高评价的准确性和有效性。因此，在设计机制时，要充分考虑评价指标的实际应用效果，确保调整后的指标能够更好地反映项目的实际情况和发展趋势。

（四）评价指标动态调整与优化机制的具体实施步骤

1. 定期评估与反馈

建立定期评估与反馈机制，定期对项目的评价指标进行审视和评估。通过收集项目团队的反馈意见和市场、技术等方面的信息，了解现有评价指标的适用性和有效性。

2. 识别问题与需求

在评估与反馈的基础上，识别现有评价指标存在的问题和不足，以及项目团队的新需求和发展方向。这有助于确定需要进行调整和优化的具体指标。

3. 设计调整方案

针对识别出的问题和需求，设计具体的评价指标调整方案。这包括确定需要新增、删除或修改的指标，以及调整指标权重和评价标准等。在设计方案时，要充分考虑项目的实际情况和发展目标，确保调整后的指标更加符合项目的需求。

4. 实施调整与优化

将设计好的调整方案付诸实施，对评价指标进行动态调整与优化。在实施过程中，要注意与项目团队的沟通和协作，确保调整工作的顺利进行。同时，要对调整后的指标进行持续观察和跟踪，确保其能够发挥预期的作用。

5. 评估调整效果

对调整后的评价指标进行效果评估，了解调整工作的实际效果和存在的问题。通过收集项目团队的反馈意见和市场、技术等方面的信息，对调整效果进行全面分析。根据评估结果，可以对机制进行进一步的优化和完善。

评价指标的动态调整与优化机制是创新创业过程中不可或缺的一环。通过建立灵活、可操作且有效的机制，我们可以确保评价指标始终与项目的实际情况和发展需求保持同步，为项目的持续健康发展提供有力支持。

然而，评价指标的动态调整与优化并非一蹴而就的过程。在实践中，我们需要不断总结经验教训，不断完善和优化机制的设计和实施。同时，随着市场环境、技术进步和团队发展的不断变化，我们还需要不断探索新的评价方法和手段，以适应不断变化的需求和挑战。

展望未来，我们可以借助大数据、人工智能等先进技术手段，对评价指标进行更加精准和高效的动态调整与优化。通过构建智能化的评价系统，实现评价指标的自动化更新和优化，为创新创业项目的健康发展提供更加强有力的支持。

总之，评价指标的动态调整与优化机制是创新创业过程中的一项重要任务。通过不断完善和优化这一机制，我们可以推动项目的持续健康发展，为创新创业事业的繁荣做出更大的贡献。

第三节　量化与定性相结合的评价方法

一、量化评价方法的运用及其局限性

（一）概述

量化评价方法作为一种客观、精确的评价手段，在创新创业成果的评估中发挥着重要作用。通过对数据的收集、分析和处理，量化评价方法能够为我们提供直观、可比较的评价结果，有助于我们更好地了解创新创业项目的实际情况和发展趋势。然而，任何方法都有其局限性，量化评价方法也不例外。下面将探讨量化评价方法的运用及其局限性，以期为创新创业成果的评估提供更为全面和深入的认识。

（二）量化评价方法的运用

1. 数据收集与整理

量化评价方法的基础是数据。在运用量化评价方法时，首先需要收集与创新创业项目相关的各类数据，包括经济效益、技术创新、市场拓展、团队成长和社会效益等方面的数据。这些数据可以通过问卷调查、实地访谈、公开资料等多种途径获取。收集到数据后，还需要进行整理和清洗，确保数据的准确性和可靠性。

2. 指标体系的构建

构建科学合理的指标体系是量化评价的关键。指标体系应涵盖创新创业成果的多个方面，能够全面反映项目的实际情况和发展水平。在构建指标体系时，需要充分考虑项目的特点和目标，结合行业标准和最佳实践进行选择和设计。

3. 数据分析与处理

运用统计学、计量经济学等方法对数据进行深入分析和处理，是量化评价的核心环节。通过对数据的描述性统计、相关性分析、回归分析等手段，可以揭示数据之间的内在联系和规律，为决策提供科学依据。

4. 结果解释与应用

将数据分析的结果以图表、报告等形式进行展示，并结合实际情况进行解释和应用，是量化评价的最终目的。通过结果解释，我们可以了解创新创业项目的优势和不足，为项目团队提供改进方向和优化建议；通过结果应用，我们可以将评价结果用于项目决策、资源配置和绩效评估等方面，推动项目的持续健康发展。

（三）量化评价方法的局限性

1. 数据可获得性和完整性问题

量化评价方法依赖于大量的数据支持，然而在实际操作中，往往存在数据难以获取或数据不完整的情况。这可能是由于项目本身的保密性、数据收集的成本和难度以及数据记录的不规范等原因导致的。数据的不完整和缺失可能导致评价结果的不准确和偏颇。

2. 评价指标的主观性和局限性

量化评价方法的指标体系构建往往受到主观因素的影响。不同人对创新创业成果的理解和关注点可能存在差异，因此在选择和设计指标时可能存在主观偏见。此外，现有的量化指标可能无法完全涵盖创新创业成果的所有方面，存在一定的局限性。这可能导致评价结果无法全面反映项目的实际情况和发展水平。

3. 数据解读和应用的难度

量化评价方法的结果往往以数字和图表的形式呈现，这要求使用者具备一定的统计学和数据分析能力才能正确解读和应用。如果使用者对数据解读不准确或应用不当，可能导致决策失误或资源浪费。此外，量化评价方法的结果往往是相对性的，需要结合实际情况进行具体分析和判断，这也增加了结果解读和应用的难度。

4.忽视非量化因素的作用

创新创业过程中往往涉及许多非量化因素，如团队文化、创新能力、市场机遇等，这些因素难以用数字来衡量。然而，这些非量化因素对于项目的成功和发展同样具有重要意义。量化评价方法往往无法充分考虑这些非量化因素的作用，可能导致评价结果的片面性和不准确性。

量化评价方法在创新创业成果的评估中发挥着重要作用，但也存在其局限性。为了更全面地评价创新创业成果，我们需要综合运用量化评价方法和其他评价手段，如定性评价、专家评审等，形成多元化、综合性的评价体系。同时，我们还需要不断完善和优化量化评价方法的运用，提高数据的可获得性和完整性，构建更加科学合理的指标体系，加强数据解读和应用的能力培养，以更好地发挥量化评价方法在创新创业成果评估中的作用。

展望未来，随着大数据、人工智能等技术的发展和应用，我们可以期待量化评价方法在创新创业成果评估中发挥更大的作用。通过构建更加智能、高效的数据分析系统，我们可以实现对创新创业项目的实时监控和动态评估，为项目团队提供更加精准、及时的决策支持。同时，我们也需要不断探索和创新评价方法和技术手段，以适应不断变化的创新创业环境和需求。

综上所述，量化评价方法的运用虽然具有诸多优势，但也存在其局限性。我们需要正视这些局限性，并通过综合运用多种评价手段和技术手段来弥补其不足，以更全面地评价创新创业成果并推动项目的持续健康发展。

二、定性评价方法的补充与完善

（一）概述

在创新创业成果的评估中，定性评价方法以其深入、细致的特点，为项目团队提供了丰富的信息和有价值的见解。然而，任何评价方法都不是尽善尽美的，定性评价方法也存在一定的局限性和改进空间。因此，对其进行补充与完善，是提升创新创业成果评估准确性和有效性的重要途径。下面将深入探讨定性评价方法的补充与完善策略，以期为创新创业成果的评估提供更为全面和深入的视角。

（二）定性评价方法的优势与局限性

定性评价方法通过深入了解项目的背景、目标、过程、结果等各个方面，能够挖掘出数据背后的深层含义和潜在价值。其优势在于能够提供丰富的情境信息和深入的见解，有助于项目团队更好地理解项目的实际情况和发展趋势。然而，定性评价方法也存在一定的局限性。首先，其主观性较强，评价结果可能受到评价者经验、知识和价值观等因素的影响。其次，定性评价方法的操作过程较为复杂，需要投入大量的时间和精力进行深入的访谈、观察和记录。最后，定性评价方法的结果往往难以量化，难以与其他评价方法进行直接比较。

（三）定性评价方法的补充策略

1. 结合定量评价方法

为了弥补定性评价方法的局限性，可以将其与定量评价方法相结合。通过收集和分析项目相关的数据，可以对定性评价结果进行验证和补充，提高评价的准确性和客观性。例如，在进行市场调研时，可以通过问卷调查收集量化数据，同时结合深入访谈获取定性信息，从而更全面地了解市场需求和竞争态势。

2. 引入多元评价主体

引入多元评价主体，可以从不同角度和层面获取更多的信息和见解。项目团队可以邀请行业专家、合作伙伴、利益相关者等参与评价过程，通过他们的专业知识和经验为项目提供宝贵的建议和指导。同时，多元评价主体之间的交流和讨论也有助于促进思想的碰撞和创新的产生。

3. 运用现代技术手段

现代技术手段如人工智能、大数据分析等可以为定性评价提供有力支持。通过运用这些技术，可以对大量的定性信息进行高效处理和分析，提取出有价值的信息和模式。例如，可以利用文本挖掘技术对访谈记录进行自动分类和编码，从而快速识别出关键主题和观点。

（四）定性评价方法的完善措施

1. 建立系统的评价标准与流程

为了确保定性评价的准确性和一致性，需要建立系统的评价标准和流程。评价标准应涵盖项目的各个方面，包括创新性、实用性、可持续性等，同时根据项目的特点和目标进行量身定制。评价流程应明确各个环节的任务和要求，确保评价过程的规范化和标准化。

2. 提高评价者的专业素养

评价者的专业素养对于定性评价结果的准确性和客观性具有重要影响。因此，需要加强对评价者的培训和教育，提高其专业知识和技能水平。同时，还需要培养评价者的客观性和公正性，避免其个人偏见和主观情感对评价结果产生干扰。

3. 加强反馈与改进机制

定性评价并非一次性的活动，而是需要持续进行并不断改进的过程。因此，需要建立有效的反馈与改进机制，及时收集和处理项目团队和其他利益相关者的反馈意见，针对评价过程中出现的问题和不足进行改进和优化。通过不断迭代和完善，定性评价方法将能够更好地服务于创新创业成果的评估工作。

定性评价方法在创新创业成果评估中发挥着重要作用，但也存在一定的局限性和改进空间。通过结合定量评价方法、引入多元评价主体、运用现代技术手段等补充策略，以及建立系统的评价标准与流程、提高评价者的专业素养、加强反馈与改进机制等完善措施，我们可以不断提升定性评价方法的准确性和有效性，为创新创业成果的评估提供更加全面和深入的视角。

展望未来，随着科技的不断进步和社会环境的不断变化，创新创业领域将面临更多的挑战和机遇。因此，我们需要不断探索和创新定性评价方法和技术手段，以适应新的需求和变化。同时，我们还需要加强与其他领域的交流与合作，借鉴和吸收其他领域的先进经验和技术成果，共同推动创新创业成果的评估工作向前发展。

综上所述，定性评价方法的补充与完善是一个持续不断的过程，需要我们在实践中不断探索和创新。通过不断完善和提升定性评价方法的质量和效率，我们将能够为创新创业成果的评估提供更加准确、全面和有价值的支持。

三、量化与定性评价方法的综合应用

（一）概述

在创新创业成果的评估中，量化与定性评价方法各有其独特的优势和局限性。量化评价方法通过精确的数据分析和处理，提供了客观、可比较的评价结果；而定性评价方法则通过深入的访谈、观察和文本分析，揭示了项目背后的深层含义和潜在价值。因此，将二者综合应用，可以更加全面、深入地评估创新创业成果，为项目团队提供更为准确的决策支持。

（二）量化与定性评价方法的互补性

量化与定性评价方法在评价创新创业成果时具有互补性。量化评价方法通过收集和分析项目相关的数据，能够客观地反映项目的经济效益、技术创新等方面的成果。然而，数据往往只能揭示表面现象，无法深入挖掘项目背后的深层含义和情境信息。而定性评价方法则能够通过深入的访谈、观察和文本分析，揭示项目团队成员的动机、态度、价值观等主观因素，以及项目在实施过程中遇到的困难、挑战和解决方案等情境信息。这些信息对于全面理解项目的实际情况和发展趋势具有重要意义。

因此，将量化与定性评价方法综合应用，可以充分发挥二者的优势，弥补彼此的不足。通过综合运用两种方法，我们可以从多个角度和层面全面评估创新创业成果，为项目团队提供更为准确、全面的决策支持。

（三）综合应用的策略与步骤

1. 明确评价目标和指标体系

在综合应用量化与定性评价方法时，首先需要明确评价目标和指标体系。评价目标应涵盖项目的经济效益、技术创新、市场拓展、团队成长和社会效益等多个方面。指标体系则应根据评价目标进行构建，包括量化指标和定性指标两类。量化指标可以通过数据收集和分析来评价项目的客观成果，而定性指标则可以通过深入的访谈、观察和文本分析来评价项目的主观因素和情境信息。

2. 数据收集与整理

在明确评价目标和指标体系后，需要进行数据收集与整理工作。对于量化指标，可以通过问卷调查、实地访谈、公开资料等途径收集相关数据。对于定性指标，则可以通过深入访谈、参与观察、文本分析等方式获取相关信息。在数据收集过程中，应注意数据的准确性和可靠性，确保评价结果的客观性和有效性。

3. 数据分析与解读

收集到数据后，需要进行深入的数据分析与解读。对于量化数据，可以运用统计学、计量经济学等方法进行分析，揭示数据之间的内在联系和规律。对于定性数据，则需要进行深入的文本分析和解读，提取出关键信息和主题，揭示项目背后的深层含义和情境信息。在数据分析与解读过程中，应结合实际情况进行具体分析，避免过度解读或误读数据。

4. 结果呈现与应用

最后，需要将分析结果以图表、报告等形式进行呈现，并结合实际情况进行解释和应用。通过结果呈现，可以直观地展示创新创业成果的各个方面和综合评价结果；通过结果应用，可以为项目团队提供决策支持和改进方向，推动项目的持续健康发展。

（四）综合应用的注意事项

1. 合理选择与评价方法

在综合应用量化与定性评价方法时，应根据项目的特点和评价目标合理选择评价方法。对于某些方面或指标，可能更适合采用量化评价方法；而对于其他方面或指标，则可能更适合采用定性评价方法。因此，在选择评价方法时，需要充分考虑项目的实际情况和需求，避免盲目跟风或一刀切。

2. 确保数据的准确性和可靠性

数据的准确性和可靠性是评价结果的客观性和有效性的基础。因此，在数据收集与整理过程中，应严格遵循科学的方法和程序，确保数据的真实性和完整性。同时，还需要对数据进行清洗和预处理，排除异常值和错误数据，以提高数据分析的准确性和可靠性。

3. 注重评价结果的解释与应用

评价结果的解释与应用是综合应用量化与定性评价方法的关键环节。在呈现评价结果时，应注重结果的解释和说明，避免简单地罗列数据和结论。同时，还需要结合实际情况进行具体分析和讨论，提出有针对性的建议和改进措施。在应用评价结果时，应充分考虑项目团队的需求和实际情况，为项目团队提供切实可行的决策支持和改进方向。

综合应用量化与定性评价方法可以更加全面、深入地评估创新创业成果，为项目团队提供更为准确的决策支持。然而，在实际应用中，还需要注意合理选择与评价方法、确保数据的准确性和可靠性以及注重评价结果的解释与应用等方面的问题。未来，随着科技的不断进步和社会环境的不断变化，创新创业领域将面临更多的挑战和机遇。因此，我们需要不断探索和创新评价方法和技术手段，以适应新的需求和变化。同时，还需要加强与其他领域的交流与合作，共同推动创新创业成果的评估工作向前发展。

综上所述，量化与定性评价方法的综合应用是创新创业成果评估的重要手段之一。通过充分发挥二者的优势并弥补彼此的不足，我们可以为项目团队提供更为全面、准确的决策支持，推动创新创业成果的持续发展。

第四节　学生创新创业实践能力的评估

一、实践能力的内涵与构成

（一）概述

实践能力是指个体在解决实际问题、完成实际任务中所表现出来的综合素质和能力。在当今社会，随着科技的快速发展和知识的不断更新，实践能力已经成为衡量一个人综合素质的重要标准。因此，深入理解和探讨实践能力的内涵与构成，对于培养和提高个体的实践能力具有重要意义。

（二）实践能力的内涵

实践能力是一个多维度的概念，它涵盖了多个方面的能力和素质。具体而言，实践能力的内涵主要包括以下几个方面。

（1）问题解决能力。这是实践能力的核心，指个体在面对实际问题时，能够运用所学知识和技能，分析问题的本质和关键，提出有效的解决方案，并付诸实施的能力。

（2）创新能力。这是实践能力的重要组成部分，指个体在实践中能够突破传统思维模式，提出新颖、独特的想法和解决方案，推动事物的发展和创新。

（3）团队协作能力。实践能力不仅是个体能力的体现，也需要在团队中发挥作用。团队协作能力指个体在团队中能够与他人有效沟通、协作，共同完成任务的能力。

（4）实践能力还包括自我管理能力、学习能力、批判性思维等，这些能力和素质共同构成了实践能力的内涵。

（三）实践能力的构成

实践能力的构成可以从多个角度进行划分，以下是从知识和技能、思维方式和情感态度3个方面的分析。

1. 知识和技能方面

（1）基础知识：包括学科基础知识、专业知识等，是实践能力的基础。个体需要掌握扎实的基础知识，才能更好地理解和解决实际问题。

（2）专业技能：指个体在特定领域或行业中所需具备的专业技能，如实验操作、数据分析等。这些技能是完成实际任务所必需的。

（3）实践经验：通过参与实践活动，个体可以积累丰富的实践经验，从而加深对知识和技能的理解和掌握。

2. 思维方式方面

（1）分析性思维：指个体能够运用逻辑思维、归纳演绎等方法，对问题进行深入分析和推理的能力。这种思维方式有助于个体把握问题的本质和关键。

（2）创新性思维：强调突破传统思维模式，寻求新颖的解决方案。这种思维方式能够推动事物的发展和进步。

（3）批判性思维：指个体能够独立思考、质疑权威，对信息进行筛选和判断的能力。这种思维方式有助于个体形成自己的见解和判断。

3. 情感态度方面

（1）积极态度：指个体在面对困难和挑战时能够保持积极的心态，勇于尝试和探索。这种态度有助于个体在实践中不断成长和进步。

（2）责任心：强调个体对自己的行为负责，对团队和组织的任务负责。这种情感有助于个体在实践中更好地履行自己的职责和角色。

（3）团队合作精神：指个体能够与他人建立良好的合作关系，共同完成任务和目标。这种精神有助于个体在团队中发挥更大的作用。

（四）实践能力培养的策略与方法

为了提高个体的实践能力，需要采取有效的培养策略和方法。以下是一些建议。

（1）加强基础知识教育：通过课堂教学、自主学习等方式，加强个体对基础知识的掌握和理解。

（2）开展实践活动：组织各种形式的实践活动，如实验、实习、项目等，让个体在实践中积累经验和技能。

（3）培养思维能力：通过案例分析、讨论交流等方式，培养个体的分析性思维、创新性思维和批判性思维。

（4）注重情感态度培养：通过引导、激励等方式，培养个体的积极态度、责任心和团队合作精神。

实践能力是个体在解决实际问题、完成实际任务中所表现出来的综合素质和能力，其内涵丰富、构成复杂。通过加强基础知识教育、开展实践活动、培养思维能力和注重情感态度培养等策略和方法，可以有效提高个体的实践能力。未来，随着社会的不断发展和变化，实践能力的内涵和构成也将不断演变和完善。因此，我们需要持续关注和研究实践能力的相关问题，为培养和提高个体的实践能力提供有力支持。

总之，实践能力是个体综合素质的重要组成部分，对于个体的成长和发展具有重要意义。通过深入理解和探讨实践能力的内涵与构成，我们可以更好地指导实践能力的培养和提高工作，为社会的进步和发展做出贡献。

二、实践能力评估的方法与流程

（一）概述

实践能力评估是对个体在解决实际问题、完成实际任务中所表现出的综合素质和能力进行客观评价的过程。通过实践能力评估，可以了解个体的技能掌握情况、思维方式以及情感态度等方面的表现，为个体的发展提供有针对性的指导和建议。下面将详细介绍实践能力评估的方法与流程，以期为评估工作提供有效的参考。

（二）实践能力评估的方法

实践能力评估的方法多种多样，可以根据具体的需求和情境选择合适的评估方法。以下是一些常见的实践能力评估方法。

1. 观察法

观察法是通过直接观察个体在实践活动中的表现来评估其实践能力的方法。评估者可以亲自到现场观察个体的操作过程、问题解决能力以及与他人的合作情况，从而对其实践能力进行客观评价。观察法具有直观性和真实性的优点，但要求评估者具备丰富的经验和敏锐的观察力。

2. 作品分析法

作品分析法是通过分析个体在实践活动中完成的作品来评估其实践能力的方法。评估者可以对个体的作品进行细致的分析，包括作品的质量、创新性、实用性等方面，从而推断出个体在实践能力方面的表现。作品分析法可以较为客观地反映个体的实践能力水平，但需要确保作品的真实性和完整性。

3. 问卷调查法

问卷调查法是通过向个体发放问卷，让其回答与实践能力相关的问题，从而收集数据并进行分析的方法。问卷可以包括选择题、填空题、简答题等多种形式，以全面了解个体在实践能力方面的表现。问卷调查法具有操作简便、覆盖面广的优点，但需要注意问卷设计的科学性和合理性。

4. 面试法

面试法是通过与个体进行面对面的交流，了解其在实践能力方面的表现的方法。评估者可以通过提问、引导等方式，让个体展示自己的实践经验、思维方式以及情感态度等方面的特点。面试法可以深入了解个体的实践能力情况，但需要确保评估者的专业性和公正性。

（三）实践能力评估的流程

实践能力评估的流程包括明确评估目标、选择评估方法、制定评估标准、实施评估、分析评估结果以及提供反馈和建议等环节。以下是具体的评估流程。

1. 明确评估目标

在进行实践能力评估之前，首先需要明确评估的目标和目的。评估目标可以是个体的技能掌握情况、问题解决能力、团队协作能力等方面，也可以是特定领域或行业所需的实践能力。明确评估目标有助于选择合适的评估方法和制定有针对性的评估标准。

2. 选择评估方法

根据评估目标和具体情况，选择合适的评估方法。可以根据评估对象的特点、评估资源的可用性以及评估时间的要求等因素进行综合考虑。在选择评估方法时，还需要注意方法的可靠性和有效性，以确保评估结果的准确性和客观性。

3. 制定评估标准

制定评估标准是实践能力评估的关键环节。评估标准应该根据评估目标和所选方法来确定，包括具体的评估指标、评分标准以及权重分配等。评估标准应该具有明确性、可操作性和可衡量性，以便对个体的实践能力进行客观评价。

4. 实施评估

根据所选的评估方法和制定的评估标准，实施具体的评估工作。评估者需要按照评估流程和要求，对个体进行实践能力的观察和记录，收集相关的数据和信息。在评估过程中，评估者需要保持公正、客观的态度，避免主观偏见和误判。

5. 分析评估结果

对收集到的数据和信息进行整理和分析，得出个体在实践能力方面的表现情况。评估结果可以通过统计数据、图表等形式进行呈现，以便更直观地了解个体的实践能力水平。同时，还需要对评估结果进行深入的剖析和解读，找出个体的优势和不足，为后续的反馈和建议提供依据。

6. 提供反馈和建议

根据评估结果，向个体提供具体的反馈和建议。反馈可以包括个体在实践能力方面的表现、存在的问题以及改进的方向等方面，建议可以针对个体的实际情况，提出具体的提升策略和方法。通过提供有针对性的反馈和建议，可以帮助个体更好地认识自己的实践能力水平，明确改进方向，进而提升实践能力。

（四）注意事项

在进行实践能力评估时，需要注意以下几点。

（1）确保评估的公正性和客观性，避免主观偏见和误判。

（2）根据评估目标和对象选择合适的评估方法和标准，确保评估的有效性和可靠性。

（3）在评估过程中保持与个体的良好沟通，了解其需求和困惑，提供必要的支持和帮助。

（4）尊重个体的差异性和多样性，避免一刀切的评价方式。

实践能力评估是提升个体实践能力的重要手段之一。通过选择合适的评估方法和制定科学的评估标准，可以对个体的实践能力进行客观、全面的评价。同时，通过提供有针对性的反馈和建议，可以帮助个体更好地认识自己的实践能力水平，明确改进方向，进而提升实践能力。未来，随着社会对实践能力需求的不断提高，实践能力评估的方法和流程也将不断完善和优化。因此，我们需要持续关注和研究实践能力评估的相关问题，为个体和社会的发展提供有力的支持。

三、评估结果的应用与反馈

（一）概述

实践能力评估作为衡量个体在实践活动中所表现出的综合素质和能力的重要手段，其结果的应用与反馈对于促进个体的发展和提高实践水平具有至关重要的作用。有效的应用评估结果，不仅能够帮助个体了解自身在实践能力方面的优势与不足，还能为个体提供针对性的改进建议，进而推动其实践能力的持续提升。同时，通过及时的反馈机制，评估者和被评估者之间能够建立有效的沟通桥梁，促进双方的理解和合作，共同推动实践活动的深入发展。

（二）评估结果的应用

评估结果的应用是一个多层次、多维度的过程，涉及到个体、团队和组织等多个层面。以下将从不同角度探讨评估结果的应用方式。

1. 个体层面

对于个体而言，评估结果可以作为自我认知和发展的重要参考。通过查看评估报告，个体可以清晰地了解自己的实践能力水平、优势领域以及存在的不足之处。基于这些信息，个体可以制订有针对性的提升计划，明确自己需要改进的方向和具体行动步骤。同时，个体还可以将评估结果作为自我激励的依据，通过不断挑战自己、超越自己，实现实践能力的逐步提升。

2. 团队层面

在团队中，评估结果的应用有助于优化团队协作和提高整体绩效。团队成员之间可以通过分享各自的评估结果，了解彼此在实践能力方面的差异和互补性，进而调整团队分工和协作方式，实现资源的最优配置。此外，团队还可以根据评估结果对团队成员进行培训和辅导，提升团队整体的实践能力水平。

3. 组织层面

对于组织而言，评估结果的应用有助于优化人才培养和资源配置。组织可以根据评估结果对个体进行岗位调整或晋升决策，确保人才与岗位的匹配度。同时，组织还可以基于评估结果制订有针对性的培训计划和发展路径，为个体的长期发展提供有力支持。此外，评估结果还可以作为组织改进实践活动的重要依据，推动组织在实践教学、项目管理等方面的持续改进。

（三）评估结果的反馈

评估结果的反馈是评估过程中不可或缺的一环，它直接关系到评估的有效性和被评估者的改进动力。以下将探讨评估结果反馈的原则、方式和注意事项。

1.反馈原则

（1）及时性原则。评估结果应及时反馈给被评估者，以便其及时了解自己的实践能力状况，制订改进计划。

（2）客观性原则。反馈应基于客观的评估数据和事实，避免主观臆断和偏见，确保反馈的准确性和公正性。

（3）针对性原则。反馈应针对被评估者的具体表现和评估目标，提出具体的改进建议和方向。

（4）鼓励性原则。反馈应以鼓励和引导为主，激发被评估者的积极性和自信心，促进其主动改进和提升。

2.反馈方式

（1）面对面反馈。评估者可以与被评估者进行面对面的沟通，详细解释评估结果，听取被评估者的意见和建议，共同制订改进计划。这种方式具有直接性和互动性强的优点，有助于建立双方之间的信任和理解。

（2）书面反馈。评估者可以通过书面形式将评估结果和反馈意见发送给被评估者。这种方式具有记录性和可保存性的优点，方便被评估者随时查阅和参考。

（3）在线反馈。利用网络平台进行反馈，如电子邮件、在线会议等。这种方式具有灵活性和便捷性的优点，可以随时随地进行沟通和交流。

3.反馈注意事项

（1）尊重个体差异。在反馈过程中，应充分尊重被评估者的个体差异和独特性，避免一概而论或过于苛求。

（2）关注情感反应。反馈可能会引起被评估者的情感反应，如焦虑、失落等。评估者需要关注被评估者的情感状态，提供必要的支持和安慰。

（3）持续跟进与指导。反馈不是一次性的行为，而是需要持续跟进和指导的过程。评估者应与被评估者保持联系，关注其改进进展和遇到的问题，提供及时的帮助和指导。

（四）评估结果应用与反馈的案例分析

为了更好地说明评估结果应用与反馈的实际操作，以下将结合具体案例进行分析。在某高校的实践教学活动中，对参与者的实践能力进行了评估。评估结果显示，部分参与者在团队协作和问题解决能力方面存在不足。基于这些结果，学校组织了针对性的培训活动，邀请专家进行授课和指导。同时，学校还将评估结果反馈给参与者，鼓励他们参加相关的学习和交流活动，提升自己的实践能力。经过一段时间的改进和学习，参与者的实践能力得到了显著提升，实践教学活动也取得了更好的效果。

评估结果的应用与反馈是实践能力评估工作的重要组成部分。通过合理应用评估结果和提供有效的反馈机制，可以促进个体的实践能力提升和团队的协作效率。未来，随着评估方法的不断创新和完善，评估结果的应用与反馈也将更加精准和高效。同时，我们也需要关注被评估者的个体差异和需求，提供个性化的反馈和指导，以更好地推动实践活动的深入发展。

总之，评估结果的应用与反馈是一个复杂而重要的过程，需要评估者和被评估者共同努力和协作。通过不断优化和完善这一过程，我们可以更好地利用评估结果，促进个体和团队的实践能力提升，进而推动整个组织的进步和发展。

第五节　教学方法与课程效果的评价

一、教学方法的有效性评价

教学方法是教育过程中的核心要素，它直接关系到学生的学习效果和教育目标的实现。因此，对教学方法的有效性进行评价至关重要。下面将从教学方法的定义与重要性、有效性评价的标准与原则、评价方法以及提升教学方法有效性的策略等方面展开论述，以期对教学方法的有效性评价进行全面而深入的探讨。

（一）教学方法的定义与重要性

教学方法是指在教学过程中，教师根据教育目标和学生的特点，采用的一系列教学手段和策略。它不仅是教师传授知识、技能和态度的工具，更是培养学生思维能力、创新能力和实践能力的重要途径。因此，教学方法的选择和运用对于实现教育目标、提高教育质量具有至关重要的作用。

（二）教学方法有效性评价的标准与原则

有效的教学方法应当具备以下几个评价标准。

（1）目标导向性。教学方法应紧密围绕教学目标，确保教学目标的顺利实现。

（2）学生主体性。教学方法应强调学生的主动参与和积极探索，激发学生的学习兴趣和动力。

（3）知识与能力并重。教学方法既要注重知识的传授，又要重视能力的培养，促进学生全面发展。

（4）适应性。教学方法应根据不同学科、不同年级、不同学生的特点进行选择和调整，以适应不同的教学需求。

在评价教学方法的有效性时，应遵循以下原则。

（1）科学性原则。评价方法应基于科学的教育理论和教学实践，确保评价结果的客观性和准确性。

（2）系统性原则。评价方法应综合考虑教学方法的各个方面，形成一个完整的评价体系。

（3）可操作性原则。评价方法应具有可操作性和实用性，方便教师进行教学反思和改进。

（三）教学方法有效性评价的方法

针对教学方法的有效性评价，可以采用以下几种方法。

（1）观察法。通过观察教师在课堂上的教学行为、学生的反应以及课堂氛围等，对教学方法的有效性进行直观评价。这种方法能够直接反映教学方法在实际教学中的运用情况，但需要注意观察者的主观性和经验水平对评价结果的影响。

（2）学生评价法。通过问卷调查、访谈等方式，收集学生对教学方法的满意度、学习效果等方面的反馈意见。这种方法能够了解学生的真实感受和需求，有助于教师调整和改进教学方法。但需要注意避免学生评价的主观性和片面性。

（3）教学成果分析法。通过分析学生的学习成绩、作业质量、创新能力等方面的变化，评价教学方法对学生学习效果的影响。这种方法能够客观反映教学方法的实际效果，但需要注意排除其他因素对教学成果的影响。

（四）提升教学方法有效性的策略

为了提升教学方法的有效性，可以从以下几个方面着手。

（1）加强教师培训。提高教师的专业素养和教学能力，使教师能够熟练掌握和运用各种教学方法。通过定期的培训、研讨和交流活动，帮助教师更新教育观念，掌握新的教学技能和方法。

（2）注重学生个体差异。针对不同学生的特点和需求，采用个性化的教学策略。通过了解学生的学习风格、兴趣爱好和认知水平，为每个学生提供适合他们的教学方法和学习资源。

（3）创新教学方法和手段。积极探索和实践新的教学方法和手段，如项目式学习、合作学习、翻转课堂等。通过引入新的教学理念和技术手段，激发学生的学习兴趣和积极性，提高教学效果。

（4）建立良好的师生关系。加强师生之间的沟通和互动，营造和谐的学习氛围。通过关注学生的情感需求和心理变化，帮助学生建立自信、积极的学习态度，提高学习效果。

教学方法的有效性评价是提高教育质量和实现教育目标的关键环节。通过对教学方法的定义、重要性、有效性评价的标准与原则、评价方法以及提升有效性的策略的全面探讨，我们可以更好地认识和理解教学方法的重要性，并不断探索和创新更加有效的教学方法。

然而，教学方法的有效性评价并非一蹴而就的过程，它需要我们不断地实践和反思，逐步完善评价标准和方法。同时，我们还需要关注教育领域的最新动态和发展趋势，及时将新的教育理念和技术手段引入到教学方法中，以适应时代的需求和学生的变化。

未来，随着科技的进步和社会的进步，教学方法的有效性评价将面临更多的挑战和机遇。我们需要保持开放的心态和创新的精神，不断探索和实践新的教学方法和评价方式，为培养具有创新精神和实践能力的人才做出更大的贡献。

综上所述，教学方法的有效性评价是一个复杂而重要的过程，它需要我们综合考虑多个因素和标准，采用科学有效的方法进行评价。只有这样，我们才能更好地发挥教学方法的优势，提高教育质量和效益，为学生的全面发展奠定坚实的基础。

二、课程内容的适用性与吸引力评估

在教育领域中，课程内容的适用性与吸引力是评估其质量和效果的2个重要指标。适用性指的是课程内容是否能够满足学习者的需求和目标，而吸引力则是指课程内容是否能够引起学习者的兴趣和激发他们的学习动力。下面将从这2个方面对课程内容进行深入评估，以期为提高课程质量提供有益的参考。

（一）课程内容的适用性评估

课程内容的适用性评估是判断其是否能够满足学习者需求的关键环节。以下是几个重要的评估维度。

1. 目标导向性

课程内容的适用性首先体现在其是否紧密围绕学习目标进行设计和组织。评估时应关注课程目标是否明确、具体，以及课程内容是否与目标紧密相连。只有当课程内容与学习目标高度一致时，学习者才能有效地达到预定的学习成果。

2. 学习者需求分析

评估课程内容的适用性还需要对学习者进行深入的需求分析。这包括了解学习者的年龄、背景、知识水平和兴趣爱好等方面，以便确定课程内容是否符合学习者的实际情况。通过问卷调查、访谈等方式收集学习者的反馈信息，可以更好地了解他们的需求，从而调整和优化课程内容。

3. 与实际应用的结合

课程内容的适用性还体现在其与实际应用的结合程度上。评估时应关注课程内容是否紧密联系实际，是否包含足够的实践环节和案例分析。只有当学习者能够将所学知识应用于实际生活中，课程内容才真正具有适用性。

（二）课程内容的吸引力评估

课程内容的吸引力评估是判断其是否能够激发学习者兴趣的关键环节。以下是几个重要的评估维度。

1. 内容新颖性与创新性

课程内容的吸引力首先体现在其是否具有新颖性和创新性。评估时应关注课程内容是否包含了最新的研究成果、前沿知识和技术，以及是否采用了新的教学方法和手段。新颖性和创新性能够激发学习者的好奇心和求知欲，从而提高他们的学习兴趣。

2. 呈现方式的多样性

课程内容的吸引力还与其呈现方式的多样性密切相关。评估时应关注课程内容是否采用了多种形式的呈现方式，如图文并茂、视频讲解、互动练习等。多样化的呈现方式能够丰富学习者的学习体验，提高他们的学习参与度。

3. 情感共鸣与价值观引导

课程内容的吸引力还体现在其是否能够引起学习者的情感共鸣和价值观引导。评估时应关注课程内容是否包含了具有启发性和感染力的故事、案例和观点，以及是否注重培养学习者的积极情感和价值观。情感共鸣和价值观引导能够增强学习者对课程内容的认同感和归属感，从而提高他们的学习动力。

（三）提升课程内容的适用性与吸引力的策略

为了提高课程内容的适用性与吸引力，可以采取以下策略。

1. 加强目标导向性设计

在课程内容设计时，应明确具体的学习目标，并围绕目标进行内容的选择和组织。同时，要注重对学习者的需求分析，确保课程内容能够满足学习者的实际需求。

2. 引入前沿知识和技术

及时关注学科领域的最新动态和发展趋势，将前沿知识和技术引入课程内容中。这不仅可以提高课程内容的新颖性和创新性，还能够激发学习者的学习兴趣和好奇心。

3. 采用多样化的教学方法和手段

根据课程内容的特点和学习者的需求，灵活采用多种教学方法和手段。例如，可以利用多媒体教学工具、在线学习平台等现代技术手段，丰富课程的呈现方式和互动形式。

4. 注重情感和价值观的培养

在课程内容中融入具有启发性和感染力的故事、案例和观点，引导学习者形成积极的情感和价值观。同时，要注重培养学习者的批判性思维和创新能力，帮助他们建立正确的世界观、人生观和价值观。

课程内容的适用性与吸引力评估是提高课程质量的关键环节。通过对这两个方面的深入评估，我们可以发现课程内容存在的问题和不足，进而采取相应的策略进行改进和优化。未来，随着教育技术的不断发展和教育理念的更新，我们还需要不断探索和创新更加有效的评估方法和策略，以更好地满足学习者的需求和推动教育事业的发展。

总之，课程内容的适用性与吸引力评估是一个复杂而重要的过程。我们需要综合考虑多个因素和标准，采用科学有效的方法进行评估，并根据评估结果进行调整和改进。只有这样，我们才能设计出更加优质、高效的课程，为学习者的全面发展提供有力的支持。

三、课程效果与教学目标达成度的关联分析

在教育领域中，课程效果与教学目标达成度是评估教育质量的重要指标。课程效果是指通过一系列教学活动后，学习者在知识、技能、态度等方面的变化程度；而教学目标达成度则是衡量教学活动是否达到了预定的教学目标。两者之间存在密切的关联，深入理解这种关联对于优化课程设计、提升教学质量具有重要意义。

（一）课程效果与教学目标达成度的基本概念

课程效果是教学活动实施后，学习者在认知、情感、技能等方面所取得的实际成效。它体现了课程内容对学习者的影响程度，是评价课程质量的重要依据。课程效果的好坏直接关系到学习者的学习效果和未来的发展。

教学目标达成度则是衡量教学活动是否达到了预定的教学目标。教学目标是教学活动的出发点和归宿，是教育者对学习者的期望和要求。教学目标达成度的高低反映了教学活动的有效性和针对性，是评价教学质量的重要标准。

（二）课程效果与教学目标达成度的关联性分析

课程效果与教学目标达成度之间存在着紧密的关联。

首先，教学目标是课程效果的导向。教学目标的设定决定了教学活动的方向和内容，为课程效果的实现提供了明确的指导。只有当教学目标明确、具体、可操作时，才

能有效地引导教学活动，实现预期的课程效果。

其次，课程效果是教学目标达成度的体现。课程效果的好坏直接反映了教学目标达成度的高低。如果课程效果显著，学习者在知识、技能、态度等方面取得了明显的进步，那么可以认为教学目标得到了较好的实现。反之，如果课程效果不佳，学习者在学习成果上没有明显的提升，那么教学目标的达成度也会受到影响。

此外，课程效果与教学目标达成度还相互影响、相互促进。一方面，课程效果的实现有助于提升教学目标达成度。通过优化课程设计、改进教学方法、加强实践教学等手段，可以提高课程效果，进而促进教学目标的达成。另一方面，教学目标达成度的提高也会推动课程效果的优化。当教学目标得到较好的实现时，学习者的学习成果会得到提升，从而增强学习者的学习动力和兴趣，进一步促进课程效果的实现。

（三）影响课程效果与教学目标达成度的因素

在实际教学中，课程效果与教学目标达成度受到多种因素的影响。以下是几个主要的影响因素。

1. 课程内容的设计与质量

课程内容的设计是否合理、质量是否过硬，直接关系到课程效果的好坏和教学目标达成度的高低。课程内容应紧扣教学目标，注重知识的系统性、连贯性和实用性，同时关注学习者的认知特点和需求，以激发学习者的学习兴趣和动力。

2. 教学方法与手段的选择

教学方法和手段的选择对于课程效果与教学目标达成度具有重要影响。教育者应根据课程内容和学习者的特点，灵活选择多种教学方法和手段，如讲授、讨论、案例分析、实践操作等，以提高教学效果和学习者的参与度。

3. 学习者的学习态度和能力

学习者的学习态度和能力也是影响课程效果与教学目标达成度的重要因素。学习者应积极参与教学活动，主动思考和探索，努力提升自己的学习能力和素质。同时，教育者也应关注学习者的个体差异，提供个性化的教学支持和辅导。

（四）提升课程效果与教学目标达成度的策略

为了提升课程效果与教学目标达成度，可以采取以下策略。

1. 明确并细化教学目标

教育者应明确并细化教学目标，使其具有可操作性和可衡量性。同时，要注重教学目标的层次性和递进性，确保教学目标能够引导学习者逐步深入学习和掌握知识技能。

2. 优化课程设计与内容

教育者应根据教学目标和学习者的需求，优化课程设计和内容。注重课程内容的系统性、连贯性和实用性，同时关注学习者的认知特点和兴趣点，以激发学习者的学习热情和动力。

3. 创新教学方法与手段

教育者应积极探索和创新教学方法和手段，以适应不同课程内容和学习者的需求。灵活运用多种教学方法和手段，提高教学效果和学习者的参与度。

4. 加强学习者的自主学习与合作学习

教育者应鼓励学习者进行自主学习和合作学习，培养他们的自主学习能力和合作精神。通过项目式学习、合作学习等方式，引导学习者主动探究和解决问题，提高他们的学习效果和实践能力。

课程效果与教学目标达成度是评价教育质量的重要指标，两者之间存在密切的关联。通过明确并细化教学目标、优化课程设计与内容、创新教学方法与手段，以及加强学习者的自主学习与合作学习等策略，可以有效提升课程效果与教学目标达成度。未来，随着教育技术的不断发展和教育理念的更新，我们还需要继续探索和研究更加有效的提升课程效果与教学目标达成度的策略和方法，以推动教育质量的不断提升。

参考文献

[1] 李强, 罗素星, 余睿. 大学之学 "双创" 活动文论: 遵义师范学院大学生创新创业活动经验总结[M]. 成都: 西南交通大学出版社, 2017.

[2] 高新房, 董婷. 综合性高校的双创先行者: 南京大学国家双创示范基地建设的探索与实践[M]. 南京: 南京大学出版社, 2022.

[3] 吴云勇, 付静, 管雪钰. 科学研究支撑双一流大学创新型人才培养的路径研究[M]. 北京: 经济科学出版社, 2021.

[4] 仝东峰. "双创" 背景下大学生就业创业问题研究[M]. 北京: 科学出版社, 2018.

[5] 秦裕辉. 信仰的力量湖南中医药大学党建 "双创" 理论探索与实践创新[M]. 长沙: 湖南人民出版社, 2020.

[6] 马红健. 党建双创树标杆立德树人促发展: 天津理工大学材料科学与工程学院全国党建工作标杆院系建设成果展示[M]. 北京: 人民日报出版社, 2023.

[7] 王春枝, 杨智勇, 聂霞. 2022年度内蒙古财经大学学术文库: 双创背景下内蒙古农民工返乡创业行为研究及其政策支持体系构建[M]. 北京: 中国商务出版社, 2022.

[8] 俞晓红. 此间思语: 安徽师范大学文学院本科生双创论文选集[M]. 安徽师范大学出版社, 2018.

[9] 王亚莉. 创客书目导读[M]. 济南: 山东大学出版社, 2019.

[10] 侯长林. 大学的坚守与变革[M]. 武汉市: 武汉大学出版社, 2020.

[11] 戈化聪, 齐艳. 高校学术研究论著丛刊: 双创人才培养视阈下大学生创业与就业路径研究[M]. 北京: 中国书籍出版社, 2023.

[12] 陈强, 邵鲁宁. 创新生态与科学治理: 爱科创2020文集[M]. 上海: 同济大学出版社, 2021.

[13] 张培祥. 华广双创纪实[M]. 广州: 华南理工大学出版社, 2017.

[14] 苗苗, 李静波, 杨柳. 创新 创业 创青春[M]. 成都: 西南交通大学出版社, 2020.

[15] 胡钰著, 万宁宁. 文创时代的我: 清华文创人物访谈录[M]. 北京: 新华出版社, 2020.

[16] 于振邦, 徐正茹. "双创"时代大学英语优质化教育实践研究[M]. 北京: 九州出版社, 2018.

[17] 张万民, 吕军. 媒体眼中的山东大学齐鲁医院[M]. 济南: 山东大学出版社, 2015.

[18] 陈伟, 王苇. 赢在职场: 大学生就业指导 (双色版)[M]. 上海: 上海交通大学出版社, 2021.

[19] 赖明谷. 大学的道与治[M]. 上海: 复旦大学出版社, 2017.